《蘇州全書》編纂出版委員會 編

·周易本義辨證

·易漢學

蘇州全書

甲編

古吳軒出版社
蘇州大學出版社

圖書在版編目(CIP)數據

周易本義辨證；易漢學 / (清) 惠棟撰 . -- 蘇州 :
古吳軒出版社 : 蘇州大學出版社 , 2023.6
(蘇州全書)
ISBN 978-7-5546-2146-2

Ⅰ. ①周… Ⅱ. ①惠… Ⅲ. ①《周易》—研究 Ⅳ.
① B221.5

中國國家版本館 CIP 數據核字(2023)第 099060 號

責任編輯 黄菲菲
助理編輯 黄超群
裝幀設計 周 晨 李 璇
責任校對 李愛華

書　　名 周易本義辨證 易漢學
撰　　者 〔清〕惠棟
出版發行 古吳軒出版社
地址：蘇州市八達街118號蘇州新聞大厦30F 電話：0512-65233679
蘇州大學出版社
地址：蘇州市十梓街1號 電話：0512-67480030
印　　刷 常州市金壇古籍印刷廠有限公司
開　　本 889 × 1194 1/16
印　　張 33.5
版　　次 2023 年 6 月第 1 版
印　　次 2023 年 6 月第 1 次印刷
書　　號 ISBN 978-7-5546-2146-2
定　　價 280.00 元

《蘇州全書》編纂工程

總主編

曹路寶　吳慶文

學術顧問（按姓名筆畫爲序）

王　芳　王　宏　王　堯　王　鍔　王紅蕾　王華實　王爲松　王衛平
王餘光　王鍾陵　朱棟霖　朱誠如　任　平　全　勤　江慶柏　江澄波
汝　信　阮儀三　杜澤遜　李　捷　吳　格　吳永發　何建明　言恭達
沈坤榮　沈燮元　武秀成　范小青　范金民　茅家琦　周　秦　周少川
周國林　周勛初　周新國　胡可先　胡曉明　姜　濤　姜小青　韋　力
姚伯岳　馬亞中　袁行霈　華人德　莫礪鋒　徐　俊　徐　海　徐　雁
徐惠泉　徐興無　唐力行　陸振嶽　陸儉明　陳子善　陳正宏　陳尚君
陳紅彥　陳廣宏　黃愛平　黃顯功　崔之清　張乃格　張志清　張伯偉
張海鵬　葉繼元　葛劍雄　單霽翔　程章燦　程毅中　喬治忠　鄔書林
賀雲翱　詹福瑞　趙生群　廖可斌　熊月之　樊和平　劉　石　劉躍進
閻曉宏　錢小萍　戴　逸　韓天衡　嚴佐之　顧　薌

《蘇州全書》編纂出版委員會

主任

金潔　查穎冬

副主任

黄錫明　張建雄　王國平　羅時進

編委（按姓名筆畫爲序）

丁成明　王煒　王寧　王忠良　王偉林　王稼句　王樂飛　尤建豐
卞浩宇　田芝健　朱江　朱光磊　朱從兵　李忠　李軍　李峰
李志軍　吴建華　吴恩培　余同元　沈鳴　沈慧瑛　周生杰　查焱
洪曄　袁小良　徐紅霞　卿朝暉　高峰　凌郁之　陳潔　陳大亮
陳其弟　陳衛兵　陳興昌　孫寬　孫中旺　黄啓兵　黄鴻山　接曄
曹煒　曹培根　張蓓蓓　程水龍　湯哲聲　蔡曉榮　臧知非　管傲新
齊向英　歐陽八四　潘志嘉　錢萬里　戴丹　謝曉婷　鐵愛花

前言

中華文明源遠流長，文獻典籍浩如烟海。這些世代累積傳承的文獻典籍，是中華民族生生不息的文脉和根基。蘇州作爲首批國家歷史文化名城，素有『人間天堂』之美譽。自古以來，這裏的人民憑藉勤勞和才智，創造了極爲豐厚的物質財富和精神文化財富，使蘇州不僅成爲令人嚮往的『魚米之鄉』，更是實至名歸的『文獻之邦』，爲中華文明的傳承和發展作出了重要貢獻。

蘇州被稱爲『文獻之邦』由來已久，早在南宋時期，就有『吳門文獻之邦』的記載。宋代朱熹云：『文，典籍也；獻，賢也。』蘇州文獻之邦的地位，是歷代先賢積學修養、劬勤著述的結果。明人歸有光《送王汝康會試序》云：『吳爲人材淵藪，文字之盛，甲於天下。』朱希周《長洲縣重修儒學記》亦云：『吳中素稱文獻之邦，蓋子游之遺風在焉，士之嚮學，固其所也。』《江蘇藝文志·蘇州卷》收録自先秦至民國蘇州作者一萬餘人，著述達三萬二千餘種，均占江蘇全省三分之一强。古往今來，蘇州曾引來無數文人墨客駐足流連，留下了大量與蘇州相關的文獻。時至今日，蘇州仍有約百萬册的古籍留存，入選『國家珍貴古籍名録』的善本已達三百一十九種，位居全國同類城市前列。其中的蘇州鄉邦文獻，歷宋元明清，涵經史子集，寫本刻本，交相輝映。此外，散見於海内外公私藏家的蘇州文獻更是不可勝數。它們載録了數千年傳統文化的精華，也見證了蘇州曾經作爲中國文化中心城市的輝煌。

蘇州文獻之盛得益於崇文重教的社會風尚。春秋時代，常熟人言偃就北上問學，成爲孔子唯一的南方弟子。歸來之後，言偃講學授道，文開吳會，道啓東南，被後人尊爲『南方夫子』。西漢時期，蘇州人朱買臣負薪讀書，穹窿山中至今留有其『讀書臺』遺迹。兩晉六朝，以『顧陸朱張』爲代表的吴郡四姓涌現出大批文士，在不少學科領域都貢獻卓著。及至隋唐，蘇州大儒輩出，《隋書·儒林傳》十四人入傳，其中籍貫吴郡者二人；《舊唐書·儒學傳》三十四人入正傳，其中籍貫吴郡（蘇州）者五人。文風之盛可見一斑。北宋時期，范仲淹在家鄉蘇州首創州學，並延名師胡瑗等人教授生徒，此後縣學、書院、社學、義學等不斷興建，蘇州文化教育日益發展。故明人徐有貞云：『論者謂吾蘇也，郡甲天下之郡，學甲天下之學，人才甲天下之人才，偉哉！』在科舉考試方面，蘇州以鼎甲萃集爲世人矚目，清初汪琬曾自豪地將狀元稱爲蘇州的土産之一，有清一代蘇州狀元多達二十六位，占全國的近四分之一，由此而被譽爲『狀元之鄉』。近現代以來，蘇州在全國較早開辦新學，發展現代教育，涌現出顧頡剛、葉聖陶、費孝通等一批大師巨匠。中華人民共和國成立後，社會主義文化教育事業蓬勃發展，蘇州英才輩出、人文昌盛，文獻著述之富更勝於前。

蘇州文獻之盛受益於藏書文化的發達。蘇州藏書之風舉世聞名，千百年來盛行不衰，具有傳承歷史長、收藏品質高、學術貢獻大的特點，無論是卷帙浩繁的圖書還是各具特色的藏書樓，以及延綿不絶的藏書傳統，都成爲中華文化重要的組成部分。據統計，蘇州歷代藏書家的總數，高居全國城市之首。南朝時期，蘇州就出現了藏書家陸澄，藏書多達萬餘卷。明清兩代，蘇州藏書鼎盛，絳雲樓、汲古閣、傳是樓、百宋一廛、藝芸書舍、鐵琴銅劍樓、過雲樓等藏書樓譽滿海内外，彙聚了大量的珍貴文獻，對古代典籍的收藏保護厥功至偉，亦於文獻校勘、整理裨益甚巨。《舊唐書》自宋至明四百多年間已難以考覓，直至明嘉靖十七年（一五三八），聞人詮在蘇州爲官，搜討舊籍，方從吴縣王延喆家得《舊唐書》『紀』和『志』部分，從長洲張汴家得《舊唐書》『列傳』部分，『遺籍俱出宋時模板，旬月之間，二美璧合』，于是在蘇州府學中槧刊，《舊唐書》自此得以彙而成帙，復行於世。清代嘉道年間，蘇州黄丕烈和顧廣圻均爲當時藏書名家，且善校書，『黄跋顧校』在中國文獻史上影響深遠。

蘇州文獻之盛也獲益於刻書業的繁榮。蘇州是我國刻書業的發祥地之一，早在宋代，蘇州的刻書業已經發展到了相當高的水平，至今流傳的杜甫、李白、韋應物等文學大家的詩文集均以宋代蘇州官刻本爲祖本。宋元之際，蘇州磧砂延聖院還主持刊刻了中國佛教史上著名的《磧砂藏》。明清時期，蘇州成爲全國的刻書中心，所刻典籍以精善享譽四海，明人胡應麟有言：『凡刻之地有三，吴也、越也、閩也。』他認爲『其精，吴爲最』，『其直重，吴爲最』。又云：『余所見當今刻本，蘇常爲上，金陵次之，杭又次之。』清人金埴論及刻書，仍以胡氏所言三地爲主，則謂『吴門爲上，西泠次之，白門爲下』。明代私家刻書最多的汲古閣、清代坊間刻書最多的掃葉山房均爲蘇州人創辦，晚清時期頗有影響的江蘇官書局也設於蘇州。據清人朱彝尊記述，汲古閣主人毛晉『力搜秘册，經史而外，百家九流，下至傳奇小説，廣爲鏤版，由是毛氏鋟本走天下』。由於書坊衆多，蘇州還産生了書坊業的行會組織崇德公所。明清時期，蘇州刻書數量龐大，品質最優，裝幀最爲精良，爲世所公認，國内其他地區不少刊本也都冠以『姑蘇原本』，其傳播遠及海外。

蘇州傳世文獻既積澱着深厚的歷史文化底藴，又具有穿越時空的永恒魅力。從范仲淹的『先天下之憂而憂，後天下之樂而樂』，到顧炎武的『天下興亡，匹夫有責』，這種胸懷天下的家國情懷，早已成爲中華民族精神的重要組成部分，傳世留芳，激勵後人。南朝顧野王的《玉篇》，隋唐陸德明的《經典釋文》、陸淳的《春秋集傳纂例》等均以實證明辨著稱，對後世影響深遠。明清時期，馮夢龍的《喻世明言》《警世通言》《醒世恒言》，在中國文學史上掀起市民文學的熱潮，具有開創之功。吴有性的《温疫論》、葉桂的《温熱論》，開温病學研究之先河。蘇州文獻中藴含的求真求實的嚴謹學風、勇開風氣之先的創新精神，已經成爲一種文化基因，融入了蘇州城市的血脉。不少蘇州文獻仍具有鮮明的現實意義。明代費信的《星槎勝覽》，是記載歷史上中國和海上絲綢之路相關國家交往的重要文獻。鄭若曾的《籌海圖編》和徐葆光的《中山傳信録》，爲釣魚島及其附屬島嶼屬於中國固有領土提供了有力證據。魏良輔的《南詞引正》、嚴澂的《松絃館琴譜》、計成的《園冶》，分别是崑曲、古琴及園林營造的標志性成果，這些藝術形式如今得以名列世界文化遺産，與上述名著的嘉惠滋養密不可分。

維桑與梓，必恭敬止；文獻流傳，後生之責。蘇州先賢向有重視鄉邦文獻整理保護的傳統。方志編修方面，范成大《吴郡志》爲方志創體，其後名志迭出，蘇州府縣志、鄉鎮志、山水志、寺觀志、人物志等數量龐大，構成相對完備的志書系統。地方總集方面，南宋鄭虎臣輯《吴都文粹》、明錢穀輯《吴都文粹續集》、清顧沅輯《吴郡文編》先後相繼，收羅宏富，皇皇可觀。常熟、太倉、崑山、吴江諸邑，周莊、支塘、木瀆、甪直、沙溪、平望、盛澤等鎮，均有地方總集之編。及至近現代，丁祖蔭彙輯《虞山叢刻》《虞陽説苑》，柳亞子等組織『吴江文獻保存會』，爲搜集鄉邦文獻不遺餘力。江蘇省立蘇州圖書館於一九三七年二月舉行的『吴中文獻展覽會』規模空前，展品達四千多件，並彙編出版吴中文獻叢書。然而，由於時代滄桑，圖書保藏不易，蘇州鄉邦文獻中『有目無書』者不在少數。同時，囿於多重因素，蘇州尚未開展過整體性、系統性的文獻整理編纂工作，許多文獻典籍仍處於塵封或散落狀態，没有得到應有的保護與利用，不免令人引以爲憾。

進入新時代，黨和國家大力推動中華優秀傳統文化的創造性轉化和創新性發展。習近平總書記强調，要讓收藏在博物館裏的文物、陳列在廣闊大地上的遺産、書寫在古籍裏的文字都活起來。二〇二二年四月，中共中央辦公廳、國務院辦公廳印發《關於推進新時代古籍工作的意見》，確定了新時代古籍工作的目標方向和主要任務，其中明確要求『加强傳世文獻系統性整理出版』。盛世修典，賡續文脉，蘇州文獻典籍整理編纂正逢其時。二〇二二年七月，中共蘇州市委、蘇州市人民政府作出編纂《蘇州全書》的重大决策，擬通過持續不斷努力，全面系統整理蘇州傳世典籍，着力開拓研究江南歷史文化，編纂出版大型文獻叢書，同步建設全文數據庫及共享平臺，將其打造爲彰顯蘇州優秀傳統文化精神的新陣地，傳承蘇州文明的新標識，展示蘇州形象的新窗口。

『睹喬木而思故家，考文獻而愛舊邦。』編纂出版《蘇州全書》，是蘇州前所未有的大規模文獻整理工程，是不負先賢、澤惠後世的文化盛事。希望藉此系統保存蘇州歷史記憶，讓散落在海内外的蘇州文獻得到挖掘利用，讓珍稀典籍化身千百，成爲認識和瞭解蘇州發展變遷的津梁，並使其中藴含的積極精神得到傳承弘揚。

觀照歷史，明鑒未來。我們沿着來自歷史的川流，承荷各方的期待，自應負起使命，砥礪前行，至誠奉獻，讓文化薪火代代相傳，並在守正創新中發揚光大，爲推進文化自信自强、豐富中國式現代化文化内涵貢獻蘇州力量。

《蘇州全書》編纂出版委員會

二〇二二年十二月

凡例

一、《蘇州全書》(以下簡稱「全書」)旨在全面系統收集整理和保護利用蘇州地方文獻典籍，傳播弘揚蘇州歷史文化，推動中華優秀傳統文化傳承發展。

二、全書收録文獻地域範圍依據蘇州市現有行政區劃，包含蘇州市各區及張家港市、常熟市、太倉市、崑山市。

三、全書着重收録歷代蘇州籍作者的代表性著述，同時適當收録流寓蘇州的人物著述，以及其他以蘇州爲研究對象的專門著述。

四、全書按收録文獻内容分甲、乙、丙三編。每編酌分細類，按類編排。

(一)甲編收録一九一一年及以前的著述。一九一二年至一九四九年間具有傳統裝幀形式的文獻，亦收入此編。按經、史、子、集四部分類編排。

(二)乙編收録一九一二年至二〇二一年間的著述。按哲學社會科學、自然科學、綜合三類編排。

(三)丙編收録就蘇州特定選題而研究編著的原創書籍。按專題研究、文獻輯編、書目整理三類編排。

五、全書出版形式分影印、排印兩種。甲編書籍全部采用繁體竪排；乙編影印類書籍，字體版式與原書一致；乙編排印類書籍和丙編書籍，均采用簡體横排。

六、全書影印文獻每種均撰寫提要或出版説明一篇，介紹作者生平、文獻内容、版本源流、文獻價值等情況。影印底本原有批校、題跋、印鑒等，均予保留。底本有漫漶不清或缺頁者，酌情予以配補。

七、全書所收文獻根據篇幅編排分册，篇幅適中者單獨成册，篇幅較大者分爲序號相連的若干册，篇幅較小者按類型相近原則數種合編一册。數種文獻合編一册以及一種文獻分成若干册的，頁碼均連排。各册按所在各編下屬細類及全書編目順序編排序號。

周易本義辨證

〔清〕惠棟 撰

據上海圖書館藏稿本影印。

提要

《周易本義辨證》六卷，清惠棟撰。

惠棟（一六九七—一七五八），字定宇，號松厓，人稱小紅豆先生。清元和人。惠周惕孫，惠士奇次子。自幼濡染家風，篤志向學，經史諸子、百家雜説及釋道二藏，靡不穿穴。五十歲後專心經術，尤邃漢《易》，爲『吳派』經學宗師。著有《易漢學》《周易述》《九經古義》等。

《周易本義辨證》初名《周易本義旁通》，上海圖書館藏稿本卷首有凡例十條，述其撰著緣由與體例。朱熹據吕祖謙《周易古本》撰《周易本義》，明永樂中修《周易大全》，割裂《周易本義》附於程頤《周易傳》之下，後來士子又棄程習朱，書坊遂取《周易大全》本，删除程《傳》，唯留朱《傳》，以程之次第爲朱之次第，致失朱子《周易本義》原本之真。

惠棟慮古文《周易》久亡，考辨朱熹《周易本義》坊刻之訛謬，以恢復《周易》原書次第與古字古音，著此書六卷。取吕祖謙《音訓》附於後，彌補《周易本義》向無音釋之遺憾；又據《説文》《玉篇》《廣韻》諸書，以補音訓之未備。義有不足之處，取《朱子語類》及程《傳》補之。對朱《傳》與程《傳》不同之處及朱説之所本，略加箋釋，並補朱熹義理之學。雖不全録經文，而足資《周易本義》研讀考訂，其實證考據之研究方法，奠定惠棟在《易》學研究尤其是《易》學文本研究領域之地位，得到清代學術界重視。

本次影印以上海圖書館藏稿本爲底本。原書高二十八・五厘米，廣十八厘米。鈐有『松厓』『紅豆齋』『惠棟之印』『景葵校理』諸印，間有朱筆批校。前有葉景葵校記兩則，述此稿本『於書估手中無意得之』，經對校常熟蔣氏省吾堂刻《經學五種》本及常熟丁氏淑照堂藏手稿本，審定上海圖書館藏稿本中朱筆圈點及校改增注，均係惠棟手筆，可見定稿後又時有修正，而省吾堂刻本底本爲惠氏弟子傳鈔，故此稿本彌足珍貴。

周易本義辨證　全

惠松厓先生周易本義辨證稿本五卷前年於書估手中無意得之
頃又見常熟蔣氏省吾堂刻本与稿本對校發見不同之點甚多茲
將已校出者録下

凡例　稿本共十條刻本八條缺第九第十

卷一　坤六五黃裳元吉條　刻本以荀慈明之說參之至末七十字稿
本作其說本之荀慈明七字

蒙以亨行時中也條　刻本云說詳漢易攷　稿本漢易攷三字
硃筆改為易漢學

需上六入於穴條　刻本注云与月令天氣上升地氣下降之說相
違　稿本無

又　稿本注云自復而臨而泰而大壯而夬此乾自下升之證謂乾無
自下升上之義殊不可解　刻本無

卷二　泰拔茅茹句郭璞洞林讀至彙字絕句條　稿本硃筆注云朱子不讀漢易止據洞林　刻本無

復六四中行獨復條　稿本硃筆注云愚近撰易述以中行屬初異於前說矣刻本無

无妄剛自外來而爲主於内條　稿本硃筆注云无妄遯上之初与復卦剝上之初同例　刻本無

刻本卷二首謙　稿本首泰

卷三　益六四中行告公從條　稿本硃筆注云復初稱中行以爲乾元也刻本無

卷四　小過六二過其祖遇其妣條　稿本硃筆注云文辭爲文王作則顧氏亦未盡然仍當以象爲主刻本無

凡稿本硃筆圈點及校改增注均係杉屋先生手筆大約蔣刻本出

於及門傳鈔兩稿本則先生寫定後隨時修正名家著述精益求精得此原稿洵足珍重且據此可知先生所著易漢學原名漢易攷周易述原名易述也

己巳臘八日景葵識

庚辰正月晦日以正堂丁氏舊藏周易本義辨證手稿詳細校對知此本未校的係松崖親筆從前審定不誤蔣刻底本係抄在先此本次之手稿又次之復六四中行獨復象手稿作

愚案四以陰應初獨以反復四非中稱中行者以從道而與時中之

謂初謂初也詳見易漢學

以此條三本兩兩互勘即知屢經修改之次序矣无妄剛自外來條並六

四中行告以匠條小過六二過其祖條亦加簽注皆手稿所無是閱此
本時隨時簽釋未暇寫詢故不采入手稿無足異也

景葵二次審定記

景葵校理

手稿後有附錄一論河洛二論先後天三論兩儀四象四論重卦五
論卦變六論太極後改入易漢學未竟故凡例亦刪去後二條非
見手稿不知其詳
手稿亦加簽注有為此本及刻本所無者如卷一不以弟子用林栗說為
然之類是為此本抄在前之稿證
此書原名易通後改辨證

周易本義辨證凡例

一古文周易十二篇上經下經上彖下彖上象下象上繫下繫文言説卦序卦雜卦也上彖以下謂之傳相傳夫子所撰漢人稱為十翊（見坤鑿度及魏伯陽參同契翊亦作翼）鄭康成始以彖象連經文王弼又以文言附乾坤二卦程傳因之及朱子作本義乃依東萊吕氏（祖謙）所定之本分為經二卷傳十卷而删彖曰象曰文言曰諸後增之文于是千餘年殽亂之書釐然復正明永樂中脩大全取朱子卷次割裂附之程傳之下後來士子又復弃去程傳不習專習本義坊間遂取大全之

本刊程存朱又以程之次第為朱之次第相傳三百
年來无有更正之者
國朝康熙中
御纂周易折中篇次一依本義正鄭王之紕繆還孔氏之
舊觀使學者復見古經誠盛事也第坊刻本義尚襲
大全之訛闈中命題至有以文辭與小象合出者事
不師古匪説攸聞今刻本義鄙見以為宜遵
御定之本復朱子之舊第承訛既久
功令未頒不敢改也
一本義向無音釋先是東萊呂氏祖謙採陸氏德明晁

氏説之兩家之説譔音訓一篇漢魏以後諸儒傳易之本異同略備朱子所深取之故其孫子明鑑嘗刊是書附于本義之後而跋之云先公著述經傳悉加音訓而於易獨否者以有東萊先生此書也今刻本義頗以音訓附于上其未備者則取説文玉篇廣韻諸書以補之

一今本義經文乃程易非朱易也程子從王弼本朱子折中于晁呂之説經文一依古易鄱陽董氏謂朱子本義多從古文如泰六三象无往不復作无平不陂萃九五象志未光也羡志字上繫第六章效法之謂坤效作文古文效

八章作易者乃為易者下繫一章何以守位曰仁仁作人〔古仁字皆借作仁本義只作人〕第五章以存身也存作全死期将至期作其說卦水火相逮水火下脱不字雜卦豐多故也羨也字凡此之類皆與程傳不同今已改正〔以上九條得之秀巖李氏心傳雙湖胡氏一桂天台董氏楷雲峰胡氏炳文鄱陽董氏真卿之說蓋所據本義如此今宋本本義不可見而呂氏音訓所載與程傳異者尚數十條不敢輒改别附于上〕又如比卦初六終來有它吉中孚初九有它不燕下繫十章六者非它也俗皆作他大有九四象明辨晳也〔晳從析從日〕俗作晳〔從析從白音義皆訛〕離九三日昃昊之離豐彖日中則昃昊俗皆作昃〔說文玉篇無昃字依字當作仄而釋文石經宋本皆作昃〕離九三

大耊之嗟俗作耊解彖甲坼俗作拆下繫五章惡積而不可揜俗作掩困彖仍作揜序卦決必有遇俗作必有所遇之類則又坊本傳寫之訛當急爲是正者也又坎卦樽酒簋樽當作尊噬嗑腊肉腊當作昔之類此魏晉以來傳訛之舊皆不敢改也

一本義有未備者閒以語類及程傳補之其與程傳異者亦略著其說或本義所載先儒姓氏及說所本者並爲箋釋

一語類沈莊仲僩謂朱子於詩傳自以爲無復遺恨而意不甚滿于易本義黃直卿幹亦言朱先生諸書如語孟中庸大學乃四方學者所共讀因其質疑問難

之際多所脩改故其義為最精若易之為書學者未敢遽讀故未嘗有所脩改竊恐其間文義未甚妥帖云云愚于本義中有疑義當參者則旁衆說傳以古義至于彖傳卦變本義每以二爻相比者相易往往與傳義多違今並廣以漢氏之説願與我二三同志一决擇焉未必非先賢之志也

一王弼傳費直易費直本皆古字號古文易盡為弼所竄易故今易經俗字獨多茲以釋文音訓諸所述古文附于上并參以鄙見以俟同志者之折衷其不可致詰者則闕焉

一語類謂彖辭象辭皆押韻程沙隨迥謂小象叶聲韻故太元測亦有韻董季真真卿謂易自坤以下六十三卦小象散入爻辭之下遂不可讀甚失夫子本文令十翊次序雖不能復古姑于各彖象之下釋以古音特為加古字以別之

一近日所傳子夏易傳及郭京易舉正皆贋書也子夏傳唐張狐作易舉正蓋宋人所撰據云曾得王輔嗣親手與韓康伯注易本無論王韓世次不相及辨見困學記聞即其書攷之謬悠荒唐漫無依據間有一二合于義理皆汋取王昭素范諤昌諸人之說而託之王弼

者洪容齋邁撰隨筆楊鼎卿甲撰六經圖董季真真卿
撰周易會通皆信其說惟朱子卓識以為亂道見語類六
十七卷子夏傳獨釋文所載及唐一行所纂者乃古書
也

一本義前例九圖後附五贊筮儀尋河圖洛書乃五行
九宮方位阮逸劉牧偽撰以為圖書先儒已辨其訛
若夫伏羲四圖皆出于邵氏邵氏之學本之廬山老
浮圖見謝上蔡傳易堂記載困學記聞程子所不取見陸氏游劍南集跋蒲郎中易
解老顧寧人炎武謂希夷之圖康節之書皆道家之易

一以道家之說託為伏羲而加之文王周公孔子之上

竊有未安今刻本義退九圖于後與五贊筮儀同附
于卷末
一坊本載八卦取象歌等朱子本義所無今仍附于後
以便初學

周易本義辨證卷一

東吳 惠棟 定宇

蔡元定曰圖書之象自漢孔安國劉歆魏關朗子明有宋康節先生邵雍堯夫皆謂如此

孔安國尚書序晉人僞撰劉歆説見漢書不聞以此爲圖書之象關子明始有戴九履一之説見洞極真經乃宋人阮逸僞撰或云楊傑皆不足據

劉牧始兩易其名

牧字長民其説見鈎隱圖

卦變圖　註云彖傳或以卦變爲説今作此圖以明之

九圖皆出自李挺之而此圖獨云作者案挺之説載見朱漢上震易圖其卦不重出以一生二二生三至于三而極朱子謂漢上卦变止于三爻某更推盡去方通見語類于是泰卦重者十否卦重者十復出大壯觀之例三十卦夬剥之例十卦六十四卦為再重矣是則李圖所無故云作此圖也第本義所載卦变率以二爻相比者而相易亦不盡如圖所云也

周代名也

易緯曰因代以題周皇甫謐謂文王安周字

有交易变易之義

其說本乾鑿度胡雲峰謂先交而後变也

中間頗為諸儒所亂

諸儒謂鄭康成王輔嗣也說見凡例

近世晁音潮古朝字氏始正其失而未能盡合古文

晁氏名說之字以道號景迂濟北人撰古易八卷經文彖象繫辭皆不分上下又以文言次象傳故未盡合古文

呂氏又更定著為經二卷傳十卷

呂氏名祖謙字伯恭號東萊居婺州撰古易十二篇音訓一卷

凡畫卦者自下而上

畫卦自下而上者乾鑿度曰易氣從下生鄭康成註云氣從下生以爻下爲始愚謂易者象也畫卦自下始故爻之取象如之以人言之則初爲趾上爲首賁初乾上以動物言之則初爲尾上爲角遯初晉上以植物言之則初爲本上爲末大過初上稱本末以事理言之則初爲始上爲終恒初始求深比上无所終氣之消息先復姤而後臨遯卦之納甲先庚辛而後戊己推之造化胎育之理皆從下也彖傳發明一卦之義其言卦德卦體卦象之類皆自下而上

九二剛健中正

九二言中正者文言曰龍德而正中者也虞仲翔註云中下之中二非陽位故明言能正中也胡氏炳文曰凡言九五剛健中正六二柔順中正易之正例也乾九二剛健中正变例也未濟九二象中以行正亦此例漢易六居初為陰不正九居二為陽不正與此異也若有見龍之德則為利見九五在上之大人矣

此說本王昭素

九三君子終日乾乾夕惕若厲无咎无古文無出衛宏奇字

古文易云君子終日乾乾夕惕若夤厲无咎半農先生易說曰說文云夤敬惕也仲翔注易云乾為敬本此易曰夕惕

若夤、夤從夕從寅、夕惕之貌因時而惕故曰若夤、棟案此爻與二四五爻韻古音十七真以下與一先通也顧氏炎武譔易音以九四隔三爻與二五為音蓋未攷說文耳

亢龍

亢說文作炕郭忠恕汗簡曰古周易如此唐元度九經字樣同

見群龍

說苑引易曰見群龍程傳從之以見群龍為句本義以見群龍无首為句

无首吉

項氏安世曰凡卦以初爻為趾為尾終爻為首形至首而終也故易中首字皆訓為終此之无首為无所終用九之无首則以六龍盡变不見其終也

彖曰

吕氏祖謙音訓曰鄭康成合彖象於經故加彖曰象曰以别之諸卦皆然　語類云凡彖辭象辭皆押韻

彖即文王所繫之辭傳者孔子所以釋經之辭也後凡言傳者放此

此二十六字乃朱子彖上傳注也其彖曰及後象曰

文言曰字皆朱子本所無原本首句下又有上者

經之上篇六字今本刊去

大哉乾元二十二元萬物資始乃統天先一雲行雨施品物流

形十五清大明終始六位時成十四清時乘六龍以御天先一

乾道变〔變〕化各正性命古音名保合太和乃利貞十四清首出

庶物萬國咸寧十五清

顧氏炎武易音曰案真諄臻不與耕清青相通詩三

百篇並無此音孔子傳易於屯於觀以平正與民韻

於革於兌於御於繫辭傳君不密則失臣以成貞與

人民韻又如天淵二字古與真諄同韻者也而乾彖

傳形成貞寧皆從天韻文言正精情平皆從天讀訟彖傳成正皆從淵讀大畜彖傳正從賢天讀又萃彖傳臨晋垢三象傳正從命讀令吴人讀耕清青皆作真音以此知五方之音雖聖人有不能改者

君子以自彊不息

彊説文作𤽏唐石經宋本皆作强

象者卦之上下兩象及兩象之六爻周公所繫之辭也

此二十一字朱子象上傳注也

潛龍勿用陽在下古音戶也見龍在田德施普也終日乾乾反復道語類道叶斗與咎韻程沙隨音為咎單之咎與道韻愚謂二字可兩讀也或躍

在淵進无咎也飛龍在天大人造（祖早切叶此苟切）也亢龍有悔盈不可久也

程氏（迥）曰小象有聲韻陽在下也下音户與詩在南山之下同董氏真卿曰沙隨小象叶韻發例於此故朱子本義語録中多論叶韻而尤詳備於小過既濟二卦則通一部易皆可類推矣

天行以下先儒謂之大象潛龍以下先儒謂之小象

大象小象之説見孔氏（穎達）正義音訓曰大象卦畫是天地水火雷風山澤觀卦畫則見其象也小象釋周公之辭

文言曰

案三字王弼所加以別于象

此篇申彖傳象傳之意以盡乾坤二卦之蘊而餘卦之

説因可以例推云

此二十八字朱子文言傳下注也元者生物之始以

下乃釋元者善之長也以下之文

君子體仁足以長人嘉會足以合禮利物足以和義貞

固足以幹事

胡氏炳文曰元亨利貞釋彖分而二之一陰一陽之

謂也文言分而四之四時五行之謂也前四句程傳

從人事上説本義兼天人説漢易彖辭文言一例與此異
周語曰言義必及利韋昭曰能利人物然後為義禮
記所謂以義為利也
不成乎名
釋文音訓㒩乎字
確乎其不可拔
説文無確字依字當作㝿鄭烈碑作𥗋元儒先生婁
壽碑文作㩴皆假借字也
閑邪存其誠
音訓存其誠鄭作以存其誠

李氏舜臣曰乾畫一實則成〔誠〕坤畫一虛則生敬故乾九二言誠坤六二言敬忠信主於心者无一念之不誠也脩辭見於事者无一言之不實也

胡氏炳文曰主於心是德見於事是業進者日新而不已居者一定而不易至曰幾皆進字意曰終曰存皆居字意

君子進德脩業欲及時也

音訓欲及時也晁氏曰鄭無欲也二字

子曰同聲相應同氣相求水就濕火就燥音嫂雲從龍風

從虎聖人作而萬物覩本乎天者親上本乎地者親下則各從其類也

此言二五相應之理發明九五所以利見大人之義

半農先生易説曰水流濕謂下濕水就下也天生水天産本乎地故水行地中火就燥謂上燥火炎上也地生火地産本乎天故火在天上

賢人在下位謂九五以下

賢人在下位當謂九三三正應也在下卦故云下位

潛龍勿用下也

胡氏炳文曰陽在下也以氣言此曰下也以人言

見龍在田時舍也舍上聲程傳音去聲頥氏易音曰舍古音暑

李氏心傳曰井初六時舍也與乾九二文言傳舍字皆當作去聲讀半農先生易説曰時舍讀為田舍東郊之舍若云未為時用德施何由而普天下安得文明也

窮之災也

音訓窮之災也晁氏曰之鄭作志

天下文明

東坡曰以言行化物故曰文明

利貞者性情也

音訓性情晁氏曰鄭作情性王輔嗣注曰不性其情何能久行其正輔嗣用黃者之說改易經文故家君曰亂易者王弼也

乾始能以美利利天下

音訓能以晁氏曰鄭作而以而與耐通耐猶能也乇

彖傳曰宜建侯而不寧鄭注云而讀曰能履六三眇能視跛能履仲翔本能皆作而

或疑乾剛无柔不得言中正者不然也

或疑以下是破當日趙善譽之說詳見語類通攷經籍志曰趙善譽易說二卷陳氏曰善譽為潼川漕進易說每卦為論一篇

六爻發揮旁通情也

陸公紀曰乾六爻發揮變動旁通于坤坤來入乾以成六十四卦故曰旁通情也愚謂周易以變者爲占故彖傳獨言卦變乾坤旁通卦變之始也漢儒皆主此説泰否二卦言大小往來即乾坤旁通之證

潛之爲言也

正義曰案初九云潛之爲言上爻云亢之爲言獨二爻云言者褚氏以初上居无位之地故稱言也其餘四爻是有位故不云言義或然也褚氏者梁褚仲都也

問以辨之

釋文石經皆如此坊本作辨

九四重剛而不中

李氏鼎祚曰三居下卦之上四居上卦之下俱非得中故曰重剛而不中

先天而天弗違後天而奉天時

先天指內卦也後天指外卦也內外皆乾人無二天故有先後之稱聖人神以知來先天之義（智以藏往後天之義）聖人先俗作洗心至誠前知皆先天之義智以藏往後天之義

先迷後得主句利句

程子曰先迷後得是一句主利是一句蓋坤道唯是主利本義從之案魏伯陽參同契曰先迷失軌後為

主君主讀斷盧景裕曰坤臣道也妻道也後而不先先則迷失道矣故曰先迷陰以陽為主當後而順之則利若然則後得主句利句為得之

利西南得朋東北喪朋

得朋喪朋先儒之說不同劉歆據文辰荀爽據消息虞翻據納甲崔憬據説卦後儒皆用崔說文辰者坤初六在未未西南陰位故得朋坤六四在丑丑東北陽位故喪朋地闢于丑位在未未衝丑為地正承天之義也故安貞吉以説卦言之坤艮二土位于丑未坤陰艮陽亦合于得喪之義契勘諸說劉氏為長荀

虞二說見李氏易解康成注易專用爻辰其法與十二律合

至哉坤元

坤地也至從一一亦地也本說文故曰至哉

東北喪朋乃終有慶

項氏安世曰彖辭但言得喪二字孔子恐後學誤仞俗作認以得為吉以喪為凶者故釋之曰東北喪朋乃終有慶所以發文王言外之意也愚案先儒皆謂喪朋從陽則有得主之慶京君明曰女既嫁降父之服臣既仕先公後私皆喪朋之義

履霜堅冰至

說文冰作仌凝作冰又云凝俗冰字愚謂冰凝字皆
從仌故云履霜堅冰陰始凝也蓋釋冰字馴致其道
至堅冰也蓋釋至字

陰始凝也

胡文炳文曰夫子於乾坤初爻揭陰陽二字以明易
之大義乾初曰陽在下坤初曰陰始凝扶陽抑陰之
意已見于言辞之表

按魏志作初六履霜今當從之

所云魏志乃三國志注其曰初六履霜者是許芝所
引易傳蓋約文象而為之辭也易傳者易緯也漢禁

緯故稱傳或稱說見鄭志漢司徒魯恭引此象云履霜堅冰陰始凝也未嘗有初六履霜之語蓋鄭京曾有是說而朱子悮信之耳

直方大

折中曰乾為圜則坤為方方者坤之德故曰至靜而德方若直則乾德也故曰夫乾其動也直大亦乾德也故曰大哉乾元今六二得坤之純大固其質也而始曰直終曰大者坤以乾之德為德故因直以成方因方以成大順天理之自然而無所增加造設於其間故曰不習无不利所謂坤以簡能者也仲翔注繫詞以不習

无不利釋
簡則易從

六三含章可貞
胡氏炳文曰乾上九外卦之終曰有悔坤六三内卦之終曰可貞貞悔二字豈非發諸卦之凡例歟

六五黄裳元吉
九家易言乾爲衣坤爲裳裳下之飾也六五雖在尊位宜居下體故有是黄裳之象言坤五當降乾二也其説本之荀慈明

上六戰龍于野
胡氏炳文曰龍戰于野與春秋書王師敗績于茅戎

同一書法

用六

語類後漢魏伯陽參同契曰二用無爻位周流行六虛二用者用九用六也六虛者即初二三四五上六爻之位言二用雖無爻位而常周流乎乾坤六爻之間也愚案九六即爻也謂之無位則可謂之無爻可乎魏氏之説蓋據消息圖而言即卦氣圖二用者坎離也參同契云坎离者乾坤之二用二用無爻位者周流行六虛十二消息无坎离象故无爻位參同契又曰故推消息坎离滅亾是也説詳易漢學

利永貞

四德之義始元而終貞乾元用九用六永貞所謂乾坤括始終也納甲之法亦然

陸氏振奇曰乾重元以元爲統坤重貞以貞爲安

文言曰

釋文无此三字唐石經有之蓋後人所加

後得主而有常

余氏芑舒曰程子以主利爲一句朱子因之遂以文言後得主爲闕文然彖傳後順得常與後得主而有常意正一律似未見其爲闕文也

易曰履霜堅冰至盖言順也

盖言順也本義讀為慎義亦可通然以象傳參之仍當如字讀之象曰馴致其道至堅冰也九家易註曰馴猶順也言陽順陰之性成堅冰矣亂臣賊子豈一朝一夕之敬哉亦由順其性而致之者也象言馴文言言順義並相通不必讀為慎古順馴通尚書五品不遜遜訓為順史記又作馴春秋繁露曰易曰履霜堅冰至盖言遜也順讀為遜遜讀為馴音義皆同故也

傳曰直言其正也云云

顧氏炎武曰凡本義中言程傳備矣者添一傳曰而引其文皆今代所為也

陰疑于陽必戰

半農先生易說曰陰疑于陽疑之言凝也本義云疑謂鈞敵而无小大之差也似亦讀為擬

為其嫌於无陽也

古文易曰為其象(兼)於陽也九家注云陰陽合居故曰兼陽謂上六坤行至亥下有伏乾陽者变化以喻龍焉王弼本曰嫌于陽注謂嫌于非陽並無无陽之說蓋唐以後亂之

屯

胡氏炳文曰屯蒙繼乾坤之後上下體有震坎艮乾坤交而成也

象屮穿地始出而未申也

屮音徹艸木初生也依本義當為艸說文云屮古文或以為艸荀子漢書皆然屯從屮貫一一地也故云象屮穿地

初九陽居陰下而為成卦之主

成卦之說本京房見易傳言一卦之義所由成也卦辭言利建侯初九亦云以是知為成卦之主

剛柔始交而難生

荀慈明曰此本坎卦也初六升二九二降初是剛柔始交案彖傳言動乎險中小象言以貴下賤先儒之說良是

始交謂震

語類剛柔始交是震此是龜山說

二體之德二體之象

胡氏炳文曰彖傳自屯以下例分作兩節釋卦名是一節釋卦是一節或卦有未盡從而推廣之如乾坤文言是也本義但分卦體卦象卦德卦變而彖之旨

畫矣推屯曰二體之象又曰二體之德見卦象卦德
又因卦體而見之也
君子以經綸
經綸釋文音訓作經論鄭氏讀如字荀氏讀為倫姚
信釋為經緯字後人始改為綸禮記中庸云經論天
下之大經鄭氏注云經論謂論撰書禮樂施政事劉
勰文心雕龍曰論語以前經無論字蓋漢以前論字
皆讀為倫
磐桓
音訓磐晁氏曰古文作般案仲秋下旬碑張納碑磐

桓字皆作般釋文云本亦作盤蔡邕石經盤庚字亦
作般晁氏以為古文是也
屯如邅如
邅音訓作亶云陸氏作亶張連反
乘馬班如
音訓班如陸氏曰鄭本作般晁氏曰班古文作般王
子雍曰班如槃桓不進也馬季長曰班班旋不進也
班旋猶盤旋是知古易皆作般春秋傳有班馬之聲
郭景純引作般杜預曰班別也始從班而程子易傳
亦以班如為分布之義馮氏曰班從刀分玉人馬異

處也皆讀如本字不與般通也

匪寇婚媾

馮氏椅曰婚當作昏從女非音訓陸氏曰媾馬本作

冓晁氏曰案冓古文

女子貞不字

字程子爲字育之義本義以爲許嫁說本耿南仲也

不如舍

舍古音舒與虞幾韻

以從禽也

程氏迥曰蔡邕石經郭京舉正郎鹿无虞何以從禽

也皆有何字今本脱案蔡邕易石經宋時已亡未知沙隨何據云然郭京曾云得王韓手札與石經然則所謂蔡邕石經者亦即郭氏之亂説而沙隨誤信之耳

屯其膏

半農先生易説曰屯其膏膏謂雨坎在下為雨雷雨解是也在上為雲雲雷屯是也密雲不雨故曰屯其膏詩曰陰雨膏之雲行雨施故象曰施未光

小貞吉大貞凶

魏氏了翁曰周禮有大貞謂大卜如遷國立君之事

五處險中不利有所作為故曰小貞吉大貞凶本義以小大為句不從古義也

泣血漣如

案說文漣即瀾或字也此經漣字說文作㦁泣下也字或作㦁古篆立心與水相近說本康成故誤為漣淮南子引作漣古文省

蒙

胡氏炳文曰有天地即有君師乾坤之後繼以屯主震之一陽而曰利建侯君道也又繼以蒙主坎之一陽而曰童蒙求我師道也君師之道皆利於貞

以卦象卦德釋卦名有兩義

胡氏炳文曰卦象分上下艮山下有坎水之險是一義卦德分内外内險已不能安外止又不能進是一義

以亨行時中也

説詳漢易攷〔學〕

志應也

應與中韻未詳比未濟同〔余所撰更定四聲〕

匪我求童蒙童蒙求我

音訓童蒙求我陸氏曰一本作來求我晁氏曰非愚

案高誘註吕覽引此經有來字

山下出泉蒙

泉之始出者曰蒙禮斗威儀曰君乘土而王其政太平則蒙水出於山宋均曰蒙小水也出可為灌注無不植也以此知卦无虛象

以往吝

吝說文引作遴案汗簡云史書吝作遴漢書魯安王晚節遴王莽傳性實遴嗇知遴為古文吝

包蒙

包石經音訓作苞音訓云今本作包張參五經文字

曰苞經典或借為包裹字泰否卦

勿用取女見金夫

三應上勿用取女當謂上也金夫本義不指何爻先儒皆謂二程傳亦云

行不順也

此經順字亦當讀如字仲翔謂三失位乘剛故不順也

獨遠實也

顧氏炎武易音曰夫子傳易四用實字於蹇於鼎皆合蒙與頤巽泰與頤亂為韻蓋不可曉或古又有此

音

上九擊蒙

吴氏曰慎曰治蒙之道當發之養之又當包之至其極乃擊之刑與兵所以弼教治蒙之道備矣

若又得正則吉

程傳曰凡貞吉有既正且吉者有得正則吉者當辨也

利用恒

恒常也故象云未失常也所以釋恒字之義

利用恒无咎未失常也

釋文音訓無无咎二字石經集解有之

需于沙衍句在中也

衍先儒訓為寬衍屬下句愚案穆天子傳曰天子東征絶于沙衍辛丑天子渴于沙衍求飲未至沙衍猶流沙也流沙無水二遠于坎故爻曰沙象曰沙衍無水之象也衍當屬上讀仲翔曰衍流也　衍本音演依注當音羨徐仙民音怡戰反

上六入于穴

荀慈明論易以乾升坤降為説今以需上六象言之知漢學亦有不可廢者坎上為雲穴者雲之所歸宿

也上六舉坎以降陽故有入于穴之象三人謂乾三爻也雲雨入地則下三陽動而自至乾升在上上降居三雖不當位承陽有實故无大失此荀慈明之説㝡合爻象之旨程子以陰在上爲不當位朱子又謂之當位此皆説之不可通者然則漢學亦豈可盡廢乎

語類解知險知阻之義云自上臨下爲險自下升上爲阻故乾无自下升上之義坤无自上降下之理是乾升坤降之説朱子所不信也（自復而臨而泰而大壯而夬此乾自下升之證謂乾无自下升上之義殊不可解）

不速之客

需須也禮速客之辭曰主人須矣此音讀速為須三陽同升上不言需故稱不速之客

訟上剛下險險而健訟

語類訟上剛下險是屬上句險而乾（健）訟是屬下句

歸而逋其邑人三百戶

王輔嗣以其邑二字連上為句人三百戶合下為句康成注曰小國之下大夫采地方一成其定稅三百家故三百戶也

无眚

眚音省署之省五經文字在目部或作眚非

不克訟歸逋竄也自下訟上患至掇也

易音曰竄釋文徐音七外反後人誤入二十九換韻

掇轉音都括反

六三食舊德貞厲終吉

語類六三食舊德句貞句厲句終吉李氏心傳曰本

義以厲字自爲句其讀最善

九四不克訟復即命渝安貞吉

語類不克訟句復即命句渝句安貞句伊川以渝安

貞一句讀不甚自然

終朝三褫之

說文褫奪衣也讀若池鄭本作拕徒可反案墨子扡其衣裳扡猶拕也淮南子秦牛缺遇盜拕其衣被高誘曰拕奪也褫與拕字雖異而義實同晁以道讀為拕紳之拕項平甫言拕者三加之也並失之

能以衆正可以王矣

程氏迥曰子夏傳作大人吉以大人訓釋為王於理為通謂征伐自天子出也愚案康成注云丈之言長能御衆有正人之德以法度為人之長吉而无咎六五長子帥師長子謂二即丈人也胡雲峰謂自衆尊之則為丈人自君稱之則為長子皆長老之稱則丈

人之稱不為无説

否字先儒多作不

先儒謂荀爽陸績劉瓛唐一行也晁氏云

在師中吉无咎

程傳以吉无咎為句孔氏正義云吉之一字上下兼該故注文屬下象文屬上胡氏炳文曰卦辭師貞丈人吉爻在師中吉无咎即卦辭意也凡成卦之主爻辭每與卦辭略同

承天寵也

寵王肅作龍案龍古文毛詩蓼蕭云為龍為光左傳

作寵光商頌何天之龍鄭箋龍當作寵

師左次

胡氏一桂曰春秋傳師一宿為舍再宿為信過信為次左次退舍也與次于郎義同兵法上将軍居右偏将軍居佐則右為重左不用之地四左次與明夷四左腹同坤體之下

弟子輿尸

蔣氏悌生曰輿尸程傳作衆主朱義訓橈敗但訓作衆主則與長子帥師為反對其義尤切

上六大君有命開國承家小人勿用

二之功五當正之三錫是也上宗廟爻用命賞于祖坤虛无君故發其義于宗廟爻也小人謂三上與上有相應之理故稱勿用以戒之

原筮

馮氏椅曰原再也如原廟原蠶之原林氏栗曰書云卜不習吉初筮之謂也又云一習吉原筮之謂也

比吉也　此三字疑衍文

語類比吉也也字羨當云比吉比輔也下順從也比輔也解比字下順從也解吉字董氏楷謂此說本王昭素與本義有疑而未定之辭

先王以建萬國親諸侯

胡氏炳文曰師之畜衆井田法也比之建國親侯封建法也

有孚盈缶終來有它吉

有孚盈缶先儒皆以孚為五仲翔曰坤器為缶坎水流坤故盈缶司徒魯恭曰言甘雨滿我之缶誠來有它而吉也五體坎故曰甘雨初在應外而五之誠信足以動之所謂誠來有它而吉也信及非應故曰有它沙隨易占法比初六引子夏傳曰非應稱他也荀慈明亦云

王用三驅失前禽驅鄭作敺從古文

半農先生易説曰三驅驅猶阹也古文作去春秋傳千乘三去三面遮禽獨開前面故失前禽上在後初在前初不應五故曰它五不及初故曰失人皆知得之為得而不知失之為得失之乃所以得之也故前禽雖失。初六終。來彖曰不寧方來此之謂也不寧者不寧侯謂諸侯之不來朝者不寧方來則莫不來矣不來者惟上六耳。故六爻上獨凶。

邑人不誡

語類邑人不誡如有聞无聲言其自不消相告誡易説曰不淫於獸不擾於民古之田禮如此故九五顯

比取象焉

比之无首凶

半農先生易説曰乾无首吉比无首凶陽吉陰凶首皆指上也逸周書武順解曰元首曰末末在上其象為首其義為終左傳風淫末疾賈逵以為首疾首在上不在初程傳首為始失之比卦有始无終故後夫凶首非始也

自我西郊

項氏安世曰凡論全卦之義皆以主爻為我蒙以九二為主故彖辭稱我者九二也小畜以六四為主故

彖辭稱我者六四也觀以九五為主六三所稱之我即九五也頤以上九為主初九所稱之我即上九也小過以六五為我中孚以六二為我皆統言一卦之義者也獨需三辭三蒙二旅四自以本爻之吉凶而稱我非一卦之事也愚案項氏之說可以發明卦主之義蒙二亦當指五惟頤以上九為我恐未然當亦如旅四指本爻而言若需辭二爻乃象傳也不在此例

京君明以兌為西郊兌正秋也案小畜卦辭及小過六五皆曰西郊中皆互兌也

尚往也

陸公紀曰一陰劣不能固陽是以往也語類用其說

蔡氏清曰本義其氣猶上進也當以既雨既處來照看此句全就雲雨説不然不得氣字

輿説輻　輻音福依古義當讀為服

音訓輻陸氏曰本又作輹晁氏曰案説文作輹云車軸縛也易輿説輹説文輻字云車轑也不以易為證項氏安世曰案輻无説理必輪破轂裂而後説也輿下之輹乃有説時車不行則説之恐與大畜大壯同作輹字為長顧氏炎武曰古音輻不與目協　輻音當偪依先儒作輹左傳云車脱其輹注輹車下縛也

血去　血如字馬融讀為恤晁氏以為古文恤

有孚攣如

攣子夏傳作戀案漢唐公房碑及景君碑戀字皆作攣知攣為古文戀中孚九五同後儒皆讀為攀攣之攣

上九既雨既處尚德載

尚德載子夏傳作尚得載晁氏讀為大車以載之載言昔之不雨者今既雨矣昔之尚往者今既處矣昔之說輻者今得載矣象曰得積載也此積字與大有九二積中不敗同意

月幾望

幾讀為既納甲十五日乾象盈甲十六日巽象退辛
卦内乾外巽故有是象
履有所躡而進之義也
春秋傳曰履士會之足於朝即躡而進之義也
履柔履剛也　以二體釋卦名義
胡氏炳文曰二體謂以兑體之柔履乾體之剛非專
指六三愚案虞仲翔謂兑為剛鹵非柔也兑彖曰剛
中而柔外則柔履剛為六三履乾剛明矣且履以六
三成卦也
剛中正履帝位而不疚光明也

荀慈明本卦辭不咥人下有利貞二字彖辭剛中正以下乃釋利貞之義孔氏頴達謂此一句贊明履卦德義之美於經无所釋蓋未攷漢易耳

上天下澤履

王氏應麟曰上天下澤履此易之言理（禮）雷出地奮豫此易之言樂呂成公之説本於漢書上天下澤春雷奮作先王觀象爰制禮樂

幽人

先儒謂幽人者幽繫之人故仲翔注曰履自訟來訟時二在坎獄中故稱幽人之正荀子曰公矦失禮則

幽注云如晉文執衛成公寘諸深室今學者輒目高
士為幽人非也

六三九四

九四乾之尾也六三履尾者也故皆云履虎尾兑為
口故咥人乾為敬故愬愬吉凶之義見于象矣

眇能視跛能履

仲翔本眇而視跛而履而讀為能互體離離目不正
故眇能視兑為毀折故跛能履與歸妹初二義同

愬愬終吉

愬說文馬融皆作虩呂覽作愬高誘讀為虩疑愬為

古文號

志行也

語類志行也只是說進将去

夬履貞厲

折中日九五有中正之德能常存危厲之心則雖決於履而動可無過舉矣書云心之憂危若蹈虎尾此其所以履帝位而不疚也歟凡易中貞厲无咎夬之其危乃光是也然則此之貞厲兑五之有厲當從此例也

傷於所恃

胡氏炳文曰或自恃其聰明或恃其勢位惟其自恃所以自決案左氏襄廿五年傳曰所恃傷也語本此

視履考祥

音訓晁氏曰祥鄭荀皆作詳案詳古文祥

元吉在上大有慶也

胡氏炳文曰吉所以為慶元所以為大

周易本義辨證卷二
東吳惠　棟　定宇

泰　正月之卦也
復臨泰大壯夬乾主六月謂之息卦姤遯否觀剥坤主六月謂之消卦此漢儒十二辟卦之説朱子用之坎離震兑為四正卦主四時餘四十八卦為雜卦消息為君雜卦為臣四正為方伯
自歸妹來則六往居四九來居三
消息卦自乾坤來不當言卦变注于泰否二卦仍言卦变則是不從泰否之例也

天地交泰

胡氏炳文曰乾坤而後陰陽各三十畫然後爲泰是泰由於陰陽无過无不及也既泰之後制其過補其不及所以保泰也又云九三象曰天地際也此際字天地否泰之會陰陽消長之交

拔茅茹以其彙彙音胃否卦同古文作𩐋

郭璞洞林讀至彙字絕句

易洞林三卷晉郭璞景純撰案虞仲翔注及孔氏正義皆以彙字絕句不獨洞林也朱子不讀漢易止據洞林

九二包石經音訓作苞否卦同荒用馮河不遐遺朋亡得尚于中

行

釋文荒鄭讀為康云虛也翟子元曰五虛无陽二上包之荀慈明曰河出于乾行于地中陽性欲升陰性欲承馮河而上不用舟航自地升天道雖遼遠不能止之朋亡而下二得上居五而行中和矣愚案鄭荀翟子元之説發明文義最為切當朋亡者即坤卦喪朋之義六五離其朋類而下居二故有是象

于食有福

語類食如食舊德之食

象曰无往不復

釋文音訓作无平不陂音訓云今本作无往不復董氏真卿曰小象程傳仍今文本義復古易作无平不陂愚案石經正義亦與今本同惟朱子依東萊易改從古文後來刻本義者一依程傳經文而本義之經文遂不可攷群見凡例雙湖胡氏刻朱子本義亦為後人改竄唯此句猶仍舊觀

翩翩

音訓作篇篇云今本作翩翩陸氏曰子夏傳向秀作翩翩輕舉貌古文作偏偏象同馮氏椅曰翩曰偏詩偏偏者鵻鳥相繼斜飛之貌

帝乙歸妹以祉元吉

九家易曰五應於二當下嫁二婦人謂嫁曰歸故言帝乙歸妹謂下居二以中和相承故元吉也

城復于隍晁氏曰隍古文作皇

自邑告命

顧氏炎武曰人主所居謂之邑詩曰商邑翼翼四方之極書曰惟尹躬先見于西邑夏曰惟臣附于大邑周曰作新邑於東國洛曰肆予敢求尔於天邑商白虎通曰夏曰夏邑商曰商邑周曰京師周官始以四井為邑泰之上六政教凌夷之後一人僅亦守府而

號令不出於國門於是焉而用師君子處此當守正
以俟時也
又自漸卦而來
案泰否二卦言乾坤往來此即大小往來之義本義
續出卦变斯為贅矣
人不得以祿位榮之
李氏心傳曰漢元儒婁先生碑云父安貧守賤不可
榮以祿古書與本義暗合
初六拔茅茹以其彙
程子以內三爻為君子之在下者案泰否皆云以其

彙彙之言類也雜卦曰否泰反其類也則泰三爻爲君子否三爻爲小人明矣本義爲小人連類而進者近是

有命

胡氏炳文曰諸解以命爲君命本義以爲天命蓋泰九三无平不陂无往不復否九四有命否泰之變皆天也

疇離祉 疇鄭本作𠷎案說文𠷎古文疇

休否 休釋文有二音一許求反息也一香幽反美也本義從上音

同人

胡氏炳文曰坎離皆乾坤之用易至十二卦坎體凡六見離體於此始見焉需訟小畜履四卦互離至同人大有而見離體凡六離之用與坎等矣

同人曰

音訓晁氏曰王昭素謂此同人曰三字錯説之案虞翻輩諸儒无一人為之説者特王弼失之耳

乾行也

蜀才曰此本夬卦九二升上上六降二侯氏果曰九二升上乾文上行故曰乾行

六二同人于宗吝

二正應五彖傳曰中正而應無取吝之義案古文吝作遴說文曰行難也二為一卦之宗宗主居中應五也而迫于三四之剛才弱不足以濟故有難行之象吝之道也

伏戎于莾莽莫朗切五經文字曰莽從犬在兩草中作莾訛升其高陵三歲不興

三離為戈兵下有伏坎故為伏戎互體巽巽為高乾下有伏坤坤為陵故為高陵乾為歲三至五歷三爻故為三歲三不應上又懼九五之見攻故有是象

九四乘其墉音庸釋文云鄭作庸晁氏曰案庸古文

義弗克也

項氏安世曰義弗克即春秋褒弗克納之義也春秋文十年晋人納捷菑于邾弗克納穀梁傳曰弗克納其義也胡雲峰謂穀梁傳有得于夫子象義弗克之言

上九同人于郊无悔

折中曰卦外有野象于野曰亨而此爻但曰无悔則知郊去野猶一間而大同之志未得也

應乎天而時行

正義褚氏莊氏曰六五應九二九二在乾體故云應

乎天也德應乎天則行不失時與時而行萬物大得亨通也

順天休命

胡氏炳文曰休命諸家多作眷命本義以為性命

初九无交害

胡氏炳文曰諸家多以初九无交害為无上下交所以无害本義從程子之説謂居下无係應而未涉乎害盖无係應三字已見无上下之交矣愚案繫辭云凡易之情近而不相得則凶或害之悔且吝初九无係應故不涉乎害本義得之

九四匪其彭无咎（彭程子讀從行人彭〻音旁）

胡氏炳文曰卦名大有彭字即大字之義大有皆六五之有也九四有僭逼之嫌必不有其大而後可以无咎

明辨晢也（石經辨作辯晢音折又音制說文音折玉篇音制古折制音通康成讀為明星晣晣與下韻程沙隨亦云）

晢傳義皆讀為晢說文晢昭晣明也從日折聲禮曰晢明行事釋文石經皆從折從日五經文字在手部今坊本作晢從析自字之訛也晁氏曰徐本劉遵作晢四體離故明辨晢

上九自天祐之吉无不利

胡氏炳文曰小畜上九畜之終也其占曰厲曰凶承六四言之大有上九有之終也其占无不利承六五言也蓋五之厥孚履信也柔中思順也尚上九之一陽尚賢也所以其終也自天祐之吉无不利也謹案折中是胡説

謙

釋文謙子夏作嗛云嗛謙也晁氏以爲篆无嗛字非也古文多假借故謙字皆作嗛藝文志易之嗛嗛古文尚書謙作嗛見汗簡史記樂書及馮煥殘碑皆以

嗛爲謙説文嗛與謙兩訓葢漢以後始有謙字

天道下際而光明程子讀濟爲際下際謂下交也地道卑而上行

京君明曰一陽居内卦之上爲謙之主仲翔曰彭城

蔡景君説剥上來之三君子謂三艮終萬物故君子

有終案剥上九本乾也九來居三天道下濟之象坤

六三升乾位地道卑而上行也折中曰成卦之由在

于九三傳義釋卦名皆不取九三之義

地中有山謙

半農先生易説曰地中有山謙説者謂山至高而地

至卑乃屈而止於下非也象曰地中不曰地下見乃

謂之象地下有山其誰見之於是學易者謂易有虛象妄矣六十四卦皆實象安得虛聖人曷爲設此虛象以惑人哉天中有地地中有山地在天中僅一點耳山在地中亦不過一杯土一拳石而已方存乎見少又奚以自多此謙之情謙之義謙之象也若云至高而屈于至卑無論無此象即有此象而意中先作一高之想復設一卑之形又抱一屈之憾何謙之有乎項氏安世曰地中有山此實象也以天下之勢觀之地之最下而負海着其中最多大山非地中有山而何若云地下有山則不可耳

九三勞謙君子有終吉

胡氏炳文曰謙主九三故三爻辭與卦辭皆稱君子有終

六四无不利撝謙

程傳曰撝施布之象如人手之撝也動息進退必施其謙蓋居多懼之地又在賢臣之上故也謹案折中依程傳无不利撝謙作一句讀

利用侵伐征不服也

何氏楷曰侵伐非黷武以其不服不得已而征之正以釋征伐用謙之意

征邑國

釋文音訓皆作征國音訓云征國今本有邑字陸氏曰本或作征邑國非今唐石經仍有邑字

鳴謙志未得也可用行師征邑國也

折中曰象傳意言上六之鳴謙由其中心之志歉然不自滿足故也是以雖可用行師而但征其邑國蓋始終自治之意

順以動

折中曰彖傳中凡稱卦德皆先内而後外而其文義又各不同其曰而者兩字並重如訟之險而健既險

又健也小畜之健而巽既健又巽也大有剛健而文
明既剛健而又文明也其曰以者則重在上一字如
同人文明以健重在文明字此卦順以動重在順字
其或以下一字為重者則又變文為言如復卦動而
以順行之類

六二介于石
語類云介于石言兩石相摩擊而出火之意案此則
從古文作砎讀為戛此注云其介如石則從虞仲翔
讀為纖介之介與語類異

六三盱豫悔

語類盱豫是句

遲有悔

遲石經作遅五經文字曰遲說文遲籀文並治尸反今從籀文

朋合簪

簪俗无字也古簪字訓為連。士喪禮。簪衣于裳是也。韓非子曰。周人以玉簪。始以為首笄之稱。蓋秦漢間之俗字。此經簪字。晁氏依虞仲翔作戠。戠音膱。藂會也。禹貢厥土赤埴墳。鄭氏尚書埴作戠。正義曰。戠埴音義同。考工記。用土為瓦。謂之摶埴之工。弓人曰。凡昵之類不能方故書昵作樴後鄭謂樴脂膏敗膱之膱膱黏也樴讀為戠膱讀為埴易作戠書作埴考工作樴訓為膱字異而音義皆同戠者合也黏也皆藂會之義京君明作撍音與簪同陸氏希聲曰撍今捷字埤蒼訓為速本義兩用其說然不若依晁氏作戠

朱子之孫子明校刻呂氏音訓以戠字為未詳蓋未通于古

上六冥豫成有渝

半農先生易說曰冥古文（瞑）字俗作眠張目為盱翕目為冥上六冥豫與六三盱豫相反一翕一張皆不可長故上成有渝三遲有悔本義以冥為昏冥安得有

渝且无咎乎

隨剛來而下柔

仲翔曰否乾上來之坤初剛來而下柔動震悅兊也

程傳言卦变亦謂自否來

王肅

魏王肅字子雍東海蘭陵人注易十卷案程傳言隨時之義注從王肅不從程傳也項氏安世曰古時字從之故之時二字易雜

君子以嚮晦入宴息嚮王肅作鄉晁氏曰案鄉古文

項氏安世曰震朝氣也兊暮氣也春入于秋歲之暮

也夘入于酉日之暮也木入金鄉則絶雷入澤中則蟄人入晦時則息皆隨時之義也

初九官有渝

荀九家注初九爻曰渝變也謂陽來居動得正爲震震爲子得土之位故曰官也愚謂陽來居初謂乾之上九居坤初爲震震初庚子水得坤初乙未土之位故曰官有渝水以土爲官也此説頗勝于諸儒

爲震之主

語類官是主字之義是一卦之主

六三係丈夫失小子隨有求得利居貞

陸氏希聲曰三非正而隨其義可尚者以承陽爲順也

九四隨有獲

仲翔曰謂獲三也

有孚在道以明

王氏程氏龔氏皆以有孚在道絶句以明别爲句折中從之

九五孚于嘉吉

諸儒皆謂五孚于二二弗兼與五安得而孚之嘉謂

上此卦三陰三陽陰係于陽故陰皆稱係二係初三

係四上係五隨從之義卦之所由名也上係五者易乾鑿度曰隨者二月之卦息據消萬物隨陽而出故上六欲待九五拘繫之維持之明被陽化而陰欲隨之也仲翔亦云隨家陰隨陽非陽隨陰本義謂剛來隨柔恐未然剛來下柔專指初九一爻而言乃卦變非卦義也

西山

兑為西互體艮故稱西山王謂五也

先甲三日辛也後甲三日丁也

先甲後甲之義本康成及子夏傳案季長用卦位仲

翔用納甲皆與此異

剛上而柔下

仲翔曰泰初之上故剛上坤上之初故柔下程傳言

卦変亦云自泰來

君子以振民育德

折中曰諸家以振民育德俱為治人之事盖治己不

應後于治人而蒙之果行育德亦施於蒙者之事也

考无咎

正義曰對父父没稱考若散而言之生亦稱考若康

誥曰大傷厥考心是父在稱考此避幹父之父故変

云考也語類亦云

意承考也

楊氏啟新曰前人以失而致蠱未必无悔過之心幹父之蠱乃承考之意而置之无過之地也此聖人以子之賢歸之於父爲訓之義大矣折中曰意承考釋考所以无咎如楊氏之説

承以德也

折中曰不承父以事而承父以德父之德著則譽亦彰矣承以德正釋用譽之意

上九不事王侯高尚其事

諸爻皆有父母之象。不應上九獨異。此爻當為親老歸養之義。不事王侯。即王制所謂八十者一子不從政。九十者其家不從政。是也。潔白承歡。晨昏不去。事之高。尚。莫過于此。曾子閔子。足以當之。故曰志可則也。

至于八月有凶

王氏應麟曰臨所謂八月其說有三一云自丑至申為否一云自子至未為遯一云自寅至酉為觀本義兼取遯觀二説案自丑至申為否者蜀才孔仲達之説也自子至未為遯者鄭康成虞仲翔何栖鳳之説

也自寅至酉為觀者荀慈明褚仲都之説也語類以
鄭氏諸説為長

未順命也

音訓未順命晁氏曰胡先生云此未字羡文愚案建
丑之月。陰猶用事。故云未順命也。坤為順。互巽為命。

六三甘臨无攸利既憂之无咎

仲翔曰兑為口坤為土土爰稼穡作甘兑口銜坤故
曰甘臨失位乘陽故无攸利无應故憂之動而成泰
故咎不長也

六四至臨

從高下至地為至至字從一一地也四得位應初初地也故曰至臨

上六敦臨

東坡曰敦益也內下也六五既已應九二矣。上六又從而附益之。謂之敦臨。復之六四既應初九矣。六五又從而附益之。謂之敦復。其義一也。

觀

語類曰自上示下曰觀去聲自下觀上曰觀平聲故卦名之觀去聲而六爻之觀皆平聲龍氏仁夫曰觀觀兩音六十四卦似无此例只合依卦名並去聲觀

氏了翁謂當皆作平聲

聖人以神道設教

釋文音訓聖人下无以字音訓曰今本有以字陸氏曰一本作以神道設教晁氏曰當无以字愚案正義石經皆有以字故後人皆誤從之

六三觀我生進退

語類曰觀卦九五為主六三觀我生進退為觀九五如何而為進退也我字指九五而言此說與本義異也

未失道也

折中曰道即進退之道量而後入則不失乎進退之道矣

上九觀其生君子无咎

王輔嗣曰觀我生自觀其道者觀其生為民所觀者也處天下所觀之地君子德見乃得无咎

觀其生志未平也

陸氏希聲曰民之善惡由我德化其志未平憂民之未化也

噬嗑

仲翔曰否五之坤初坤初之五愚謂彖辭剛柔分謂

否也動而明乃卦変矣節自奏來剛柔分謂泰也剛得中乃卦变矣

雷電噬嗑

項氏安世曰石經作電雷晁公武謂大象無倒置者當從石經愚案唐石經仍作雷電項氏所據或是蜀石經張希猷謂是蔡邕石經妄也蔡邕易石經亾來已久此必郭京亂道耳

初九屨校滅趾（趾音止古文作止）

姜氏寶曰滅没也言屨校於足而遮没其趾也

先王以明罰勑法

勑宋監本作勅紹興本註疏本建安余氏本高宗御書石經本皆作勑釋文曰此俗字也古文借作飭詳見九經會寂

六二噬膚滅鼻无咎

侯氏果曰六二居中履正用刑者也互體艮艮為鼻又為黔喙乘剛噬必深噬過其分故滅鼻刑刻雖峻得所疾也雖則滅鼻而無咎矣

柰有膚咢

說本馬季長膚咢見少牢饋食禮鄭氏曰膚脅革肉

噬乾胏

肺說文引作𡋯食所遺也楊雄說𡋯從肺馬季長陸
公紀皆云肉有骨謂之肺本義用其說
未光也
釋文音訓皆云未光大也案光與上下文韻有大字
者羨文也四為五陰所掩故云未光
貞厲无咎得當也
否初升五彖辭言不當位而彖云得當何也盖當讀
為當罪之當康成注月令云當謂值其罪言五之貞厲无咎者以
折獄當其罪耳即卦辭利用獄之義也
上九何校滅耳

何音荷擔之荷讀從王肅也晁氏曰棠何古文康成
曰離為槁木坎為耳木在耳上何校滅耳之象

賁

賁高誘讀為鶉之賁賁曹憲曰周易賁卦賁音奔今
人多彼寄反失之六四賁如皤如賁讀為奔皤讀為
煩

柔來而文剛故亨分剛上而文柔

京君明曰賁泰取象上六柔來文剛九二剛上文柔
成賁之體荀慈明虞仲翔皆同京說何氏楷曰分剛
上分剛畫居上

先儒說天文上當有剛柔交錯四字

案漢易天文上別無剛柔交錯四字陸氏說文呂氏音訓博采衆說不一及之唯宋人偽撰郭京易舉正有此語郭京書朱子以為亂道決不用其說所云先儒或是王昭素范諤昌之輩耳

初九賁其趾（古文趾皆作止）

六二賁其須

半農先生易說曰賁其須須讀為斑禮玉藻笏大夫以魚須文竹隱義云以魚須飾文竹之邊須音斑三體震震為蒼筤竹而二來文之魚須飾竹之象也棟

案初為元士義弗來車二為大夫賁以魚須其諸以位言之歟

白馬翰如

姚氏小彭曰商人尚白戎事乘翰翰與皤皆白色也語類白馬翰如言此爻無所賁飾其馬亦白也本義從程傳讀為飛翰之翰

束帛戔戔子夏傳作殘殘戔殘同音或音殘非也

戔戔先儒皆以為委積盛多之貌本義敦本尚實之說從胡安定也

有喜也董氏楷曰喜如字又許意反无妄大畜卦放此案董音依釋文

上九白賁无咎

半農先生易説曰白者五色之一色非无色也考工記畫繪之事後素功謂畫繪之功素在後蓋皎皎者易汚故畫繪先布彩後加素然後五色宣明故曰素功言功成於素也子夏問詩素絢孔子以後素解之子夏遂因素而悟禮十室之邑必有忠信以其不學禮故雖有美質而終不成然則畫繪之功成于素忠信之質成於禮上九賁之成故曰白賁无咎朱子謂白賁復於无色似誤解襍卦傳傳言賁无色非謂白无色也賁色不純非白非黑故云无色无色則闇焉得白乎賁无色

者猶序卦傳所謂致飾然後亨則盡也

剥不利有攸往

復利有攸往。剛長也。剥不利有攸往。小人長也。復往成乾。剥往成坤。故其占如此。

柔変剛也

剛謂乾也盧氏曰此本乾卦羣陰剥陽故曰剥也

觀象也

剥自觀來。故云觀象也。觀不得不変為剥者。消息盈虚。天之道也。

未有與也

胡氏炳文曰程傳言陽未有與本義言陰未有與二陰猶未至于五陰之盛也崔氏憬曰未有與者言至三則應故二未有與也謹案折中用崔說

六三剥之无咎

釋文音訓作剥无咎釋文云本或有之字非唐石經仍有之字馮氏椅曰後人以賛有之字遂疑經脱此一字增入也項氏安世亦云

失上下也

失上下亦喪朋之義本義所謂去其黨而從正也

上九碩果不食

喬氏中和曰碩果不食核也仁也生生之根也自古无不朽之株有相傳之果此剥之所以復也棠剥本乾也乾為木果上九艮也艮為石為果蓏故云碩果終不可用也

項氏安世曰小象皆協韻剥上九豐九三用字古皆入志字韻以字訓用意者用亦可以作以欤安溪先生曰此傳與豐三象傳用字皆害字之誤二説未知孰是

七日來復

王氏應麟曰復所謂七日其説有三一謂卦氣起中

孚六日七分之後爲復一謂過坤六位至復爲七日
一謂自五月姤一陰生至十一月一陽生本義取自
姤至復之説愚案以六日七分之後爲復者鄭康成
王輔嗣也謂過坤六位至復爲七日者京君明陸公
紀也謂五月一陰生十一月一陽生者侯果褚仲都
莊氏也程沙隨曰陽極於九而少陰生於八陰之義
配月陰極于六而少陽復於七陽之義配日此亦可
備一説語類所謂七日八月只取七八之義是也
復其見天地之心乎
程傳曰一陽復于下乃天地生物之心也先儒皆以

靜為見天地之心蓋不知動之端乃天地之心也非知道者孰能識之

冬至子之半

語類子之半即十一月之半也案子半二字出漢書律歷志

安靜以養微陽也

語類安靜二字作一字看

無祇悔（祇音支晁氏音低程子音抵〻與提同音）

祇注訓為抵〻猶至也語類云與只同（坎九五同）五經文字作衹在衣部云從衹祇非祇敬也從祇地神

以下仁也
初稱仁者剥之碩果即復之初也復之初即乾之元
故爲仁也
六三頻復厲
半農先生易説曰此與巽卦頻巽皆當讀爲頻顣之
顰王弼曰處下體之終雖愈於上六之迷已去復遠
矣是以頻也内自訟外頻顣悔過之深故无咎頻訓
爲數經傳所無且屢失屢復无常之人安得无咎顰
古文顰康成作顰玉篇顰字下云易本作頻也
六四中行獨復

仲翔曰俗說以四位在五陰之中而獨應復非也四在外體又非内象不在二五何得稱中行愚案四得位應初獨得所復四非中稱中行者以從道也其時中之謂歟愚近撰易述以中行屬初異於前說矣

用行師終有大敗

半農先生易說曰一陽之卦皆有行師侵伐之象獨上六不利行師遠於初也

无妄

胡氏炳文曰朱子解中庸誠字以為真實无妄之謂此解无妄則以為實理自然之謂自然二字已兼无

所期望之意矣

剛自外來而爲主於内

剛自外來而爲主於内。外，外卦也。内，内卦也。若依本義，二來居初，不得云自外來矣。虞仲翔曰：遯上之初。蜀才曰：剛自上降，爲主於初，剛自上降，故云外爲主於初，故云内。王氏宗傳曰：初九之剛，實自乾來，故曰剛自外來，得之矣。

无妄遯上之初，与復卦剥上之初同例

天命不祐

祐，釋文音訓作佑，石經宋本仍作祐。

先王以茂對時育萬物

棟案易說先王以茂對句時字屬下讀

初九无妄往吉

半農先生曰初九六二皆得正故利有攸往

不耕穫不菑畬

胡氏炳文曰一歲之農始於耕終於穫三歲之田始於菑終於畬不耕穫不菑畬六二柔順中正終始无所作為因其時順其理无所望而有得焉者也曰利有攸往者惟其无所作為此其所以可有為也

邑人之災

項氏安世曰六三所遇之災非人為也故曰邑人之

災

勿藥有喜

折中曰勿者禁止之辭凡易中言勿者皆同義

上九无妄行有眚

何氏楷曰彖所謂匪正有眚不利有攸往者愚謂无妄之行即彖傳所謂无妄之往也本義謂上九非有妄也恐未然

大畜　此卦自需而來

仲翔蜀才皆云大壯初之上

剛健篤實句輝光日新輝釋文石經皆作煇案義雲章輝作煇張有復古編云煇光也

從大軍別作輝非愚案
說文無輝字張說是

釋文曰鄭以日新絕句其德連下句本義讀從王弼其德屬上句案漢書禮樂志云煇光日新荊州刺史度尚碑云令聞彌崇暉光日新文心雕龍云剛健既實輝光乃新張茂先勵志詩云進德脩業輝光日新家君謂新字讀斷與下文正賢天協唐以前讀易皆然宋儒改之既失音且不辭矣

利涉大川應乎天也

胡氏炳文曰卦有乾體者多曰利涉大川健故也愚案先儒謂乾天有河故云大川春秋緯曰河以通乾

出天芭

曰當為日月之日

讀曰為日本康成及陸希聲

童牛之牿

牿九家作告說文云牛觸人角著橫木所以告人案告古文牿項氏安世曰告字從牛者乃牛馬牢周書牿牛馬是也則此不當從牛康成作牿云施牿於牛之前足晁氏曰鄭作角非也

豶豕之牙

豶豕有二說崔氏憬曰豕本剛突劇乃性和雖有其

牙不足害物褚氏仲都曰豶除也除其牙也本義從褚説案劉表曰豕去勢曰豶韓非子豎刀自豶是也似崔説為長

何天之衢

何天之衢程傳用胡氏之説以何字為羡文諸家皆讀為荷上聲折中從之

頤

鄭氏剛中曰頤卦上三爻皆吉喜其止也下三爻皆凶惡其動也

觀頤觀其所養也自求口實觀其自養也

陸氏銓曰觀頤即考其善不善也自求口實即於己
取之而已矣折中曰陸氏說與傳義異蓋云觀其所
養者以自求養而已與夫子彖傳語意尤合也

觀我朶頤

朶先儒皆訓為動說文曰朶樹木垂朶朶也故本義
訓為垂

六二顛頤拂經于丘頤征凶

語類六二比初而求上故顛頤當為句拂經于丘頤
句征凶即其占辭也注依程傳以征凶屬之丘頤黄
直卿駁之而用語類之說朱子震曰伊川訓拂經為

違常其説本于王肅愚案王子雍以拂經于丘為句漢讀皆如／此當從之丘謂五也先儒皆然程傳以顛頤拂經為句又以丘為上九不盡如王説也

虎視眈眈眈音耽坊／本作耽譌視古本作眂見鄭氏周禮眂瞭注

大過之時非有大過人之才不能濟也

胡氏炳文曰所謂才者指上文埶才而言也

九二枯楊生稊音題毛居正作梯從木案／五經文字在禾部從木非老夫得其女妻

巽為楊兑為雨澤枯楊得澤復生稊故有是象五乾

為老夫兑為女妻虞仲翔言大過之爻得過其應二
過五應上故云過以相與也
棟橈之凶不可以有輔也
三正應上也過應初也本末皆弱故云棟橈凶象曰
不可以有輔也仲翔注彖辭云棟橈謂三
九四棟隆吉
四正應初也初茅藉地物雖薄而可任重故有棟隆
之吉然過應者上也故有它吝凡言它者皆非正應
九五枯楊生華老婦得其士夫
巽長女為老婦老婦謂初士夫謂五五過二應初故

云老婦得其士夫枯楊生華之象也

習坎

音訓習坎晁氏曰徐氏云上脱一坎字説之案例諸今文則脱在古文則不脱古文則以其卦爲其名故也古文又以☵爲水字

水流而不盈行險而不失其信

胡氏炳文曰水字當讀逗音流而不盈行險而不失其信皆指水言

水洊音荐説水作瀳音尊至

王氏應麟曰離言明兩作坎言水洊至起而上者作

也趨而下者至也此陸農師之説朱文公取之

求小得未出中也

荀慈明曰處中而比初三未足爲援雖求小得未出

於險中愚謂小謂陰二无應于五居二陰之間故有

是象

樽酒簋

樽鄭注禮器引作尊曹憲文字指歸云樽字無此從

缶從木者説文云字從酋寸酒官法度也今之尊卑

從此得名故尊亦爲君父之稱令説文无此當有缺文

納約自牖

音訓納晁氏曰京房一行作内云内約束愚案内古
文
先儒讀樽酒簋爲一句貳用缶爲一句
先儒謂京房劉表唐一行也仲翔曰貳副也禮有副
尊故貳用缶耳○簋音軌古音九項氏安世曰案簋
缶牖咎於古韻爲協則晁說尤信
祇既平
祇義詳復卦石經作祇此地祇字疑非
上六係用徽纆寘于叢棘三歲不得凶
馬融云徽纆索也劉表云三股爲徽兩股爲纆荀九

家云坎為叢棘鄭氏謂天子外朝左右九棘之象也
上罪三年而赦中罪二年而赦下罪一年而赦不得
者不自思以得正道終不自改而出諸圜土者殺故
曰凶范氏甯曰古疑獄三年而後斷

明兩作

胡氏炳文曰程傳明兩句絕本義以水洊至例之故
訓作為起語類明兩作只是一箇明兩番作項氏安世
曰日君象也不容有兩故明之兩作則為大人繼明
之象

九三日昃之離

昊坊本作昦字書無昦字依說文當作𣅝古文借作

稷

大耊之嗟耊五經文字云從老省從至坊本作耋訛

音訓嗟徐氏曰蜀作差下戚嗟同晁氏曰案差古文

愚案差古音瑳與歌韻離古音羅

九四突如其來如

音訓突晁氏曰說文作𠫓作㐬云不容於內也或從

倒古学京鄭皆作㐬云不孝子也

出涕沱若

釋文音訓作古文若字

雝王公也

王公謂五正義曰連王而言取其便文以會韻也

有嘉折首獲匪其醜語類有嘉折首是句程傳以有嘉為句也

劉子政曰有嘉折首獲匪其醜言美誅首惡之人而諸不順者皆從來也

周易本義辨證卷三

東吴　惠　棟　定宇

取女吉 晁氏曰取古文娶

咸感也

王氏應麟曰咸之感无心感以虛也兊之說无言說以誠也

柔上而剛下

仲翔蜀才皆云咸自否來六三升上上九降二故云柔上而剛下又云男下女

初六咸其拇

釋文拇荀爽作毋云陰位之尊晁氏曰案毋古文荀
云陰位之尊則失之解九四同
志在外也
正義曰與四相應所感在外
六二咸其腓
釋文腓荀作肥云謂五也尊盛故稱肥晁氏曰案腓
肥同音
九五咸其脢
脢先儒皆云背脊肉王輔嗣云心之上口之下本義
兼用之項平甫謂即喉中脢核未知是否

志末也

李氏鼎祚曰末猶上也五比於上故咸其脢志末者謂五志感於上也

滕騰通用

讀滕為騰從虞仲翔及程子說

恒

徐氏幾曰聞之師曰恒有二義有不易之恒有不已之恒利貞者不易之恒也利有攸往者不已之恒也合而言之乃常道也倚於一偏則非道矣林氏希元曰惟其不易所以不已

剛上而柔下

仲翔蜀才皆云恒自泰來六四降初初九升四故云

剛上而柔下

日月得天而能久照四時變化而能久成聖人久於其

道而天下化成

折中曰釋利貞云久於其道則居所不遷之謂也釋

利有攸往云終則有始則動靜不窮之謂也兩義兼

行初不相悖日月得天而能久照者恒久不已也四

時變化而能久成者終則有始也聖人久於其道如

日月之得天而久照化天下而成之如四時之變化

而久成此恒道之大也推而廣之則凡在天地之間者其情皆可見矣

象曰雷風恒君子以立不易方

折中曰說此象者用烈風雷雨弗迷說震象用迅雷風烈必變皆非也雷風者天地之变而不失其常也立不易方者君子之歷萬变而不失其常也洊雷者天地震動之氣也恐懼脩省者君子震動之心也

初六浚恒浚音迅鄭作濬晁氏曰案濬古文浚篆文

浚恒者以浚為恒也春秋傳曰浚之者何深之也故

象曰始求深也深不可常故凶始謂初

上六振恒
振張璠本作震虞仲翔曰在震上故震恒振與震通
也程子讀如字
遯
遯六月之卦也陰氣浸長陽氣漸退有似賢人隱遯
之象故名之爲遯
小利貞浸而長也
荀慈明曰陰稱小浸而長則將消陽故利正居二與
五相應也
初六遯尾厲勿用有攸往

陸公紀曰陰氣已至於二而初在其後故曰遯尾也避難當在前而在後故厲往與災難會故勿用有攸往折中曰初於序爲先於位則內也遯者遠出之義故以外卦爲善初冣居內豈非在後者乎棟案初言尾不言後者初不得爲後故以象言之卦象初爲尾上爲角

執用黄牛固志也

卦辭小利貞謂二也執用黄牛貞固之義故象云固志也易説曰遯之未变爲否者六二執之之固也

九三係遯

晁氏曰係古文作系

有疾憊也

音訓憊荀作備晁氏曰案備古文憊字既濟九三象

同說文作⿰忄𤰇馮厚齋曰憊困也觧厲字

小人否

否程傳依王弼讀為臧否之否本義依徐仙民讀為

然否之否晁氏曰案古文作不字

上九肥遯

音訓肥晁氏曰陸希聲云本作飛說之未知陸所據

愚案姚寬西溪叢語曰周易遯卦肥遯無不利肥字

古作𩇯與古蜚字相似即今之飛字後世遂改為肥

字九師道訓云遁而能飛吉孰大焉張平子思元賦云利飛遁以保名注引易上九飛遯無不利謂去而還也曹子建七啟云飛遯離俗是古易皆作飛遯故陸氏據以為説王輔嗣注此爻云矰繳不能及似王本亦作飛也子夏傳云肥饒裕也本義從之者

无所疑也

李氏心傳曰无所疑也此及升之九三並言之此決于退彼決于進時之宜也

大者壯也剛以動故壯

折中曰大者壯謂四陽盛長也此句正釋名卦之義

剛以動故壯一句非釋卦名乃推明卦之善以起辭義耳氏曰故者皆同義順以説故聚明以動故豐是也

自勝者强

老子語

小人用壯君子用罔

罔古本作罔京君明曰壯一也小人用之君子有而不用劉長民曰罔不也君子尚德而不用壯若固其壯則庚矣折中曰京氏諸家説用罔與傳義異以夫子小象文意參之諸説近是

羸其角

羸本義依程子釋為羸困先儒皆讀為縲索之縲晁氏曰古文作累讀為縲姤初六及井彖同

卦體似兌有羊象焉

顧氏炎武曰此互體也不言互而言似者合兩爻為一爻則似之也此又刱先儒所未有不如言互體矣

或作疆埸之埸

或作謂陸績也語類從陸説晁氏曰案易乃古文疆易字與象数合旅上九同

不詳也

釋文曰詳詳審也程傳同正義讀爲祥云善也鄭王肅皆作祥晁氏案詳古文祥字

晉

晉孟喜作齊子西反義同晁氏曰說文作𣈆案齊古文𣈆篆文晉今文愚謂𣈆改爲晉始于蔡邕石經據五經文字古晉字讀爲齊音子斯切又即移動見春秋傳及公羊釋文嘯堂集古録有𣈆姜鼎𣈆姬姓安得稱姜必齊姜也古文多借用故晉字或借爲齊晁以道以齊爲古文是春秋齊晉無别矣恐未然公羊以齊欒施爲晉欒施

順而麗乎大明

折中曰離之德為麗為明是明與麗皆離也順而麗乎大明蓋以順德為本而為大明所附麗若曰以順而附麗于大明則麗字乃為坤所借用其義不亦贅乎此文義之誤不可不正

君子以自昭明德

昭周弘正等作照仲翔亦讀為照

晉如愁如

愁鄭子小反云変色貌俗音士尤切釋為憂愁之愁古無是音亦無是義也愁即春秋傳愀字

九四晋如鼫鼠釋文子夏傳作碩鼠碩五技鼠也

陸氏希聲曰履非其位固其寵祿鼫鼠之志竊食黍稷而已

六五悔亾失得勿恤

失得先儒皆作矢得四之五成離〻為矢故有矢得之象然以卦義揆之作失得者為是卦辭言康侯被遇而彖傳以柔進上行釋之則六五一爻當康侯而為卦主明矣吉凶者失得之象也悔吝者憂虞之象也純臣之義不為利疚不為威惕不為爵勸不為祿勉吉凶禍福皆不足以動其心此失得勿恤之義也

蓋非康侯不足以當之矣

利艱貞

本義從彖傳以利艱貞謂五虞仲翔亦云

明入地中明夷

正義曰此就二象以釋卦名此及晋卦皆彖象同辭也

以蒙大難

余氏琰曰其難關係天下之大民命之所寄故曰大難箕子爲紂之近親故曰内難王氏申子曰明夷一卦大抵主商之末造言之

用極馬壯

極當依子夏傳作抍艮六三渙初六同說文抍上舉也又作撜淮南子子路撜溺李登聲類又作承並音承列子曰並流而承之方言曰出溺為承蓋字隨讀變張湛注列子讀承為拯聲蒸上非是

九三明夷于南狩得其大首釋文狩本亦作守音同晁氏曰案守古文狩今文

上為首三應上故有是象

六四入于左腹

胡氏炳文曰腹坤象在坤體之下有左腹象自明之暗有入于幽隱之象左僻為幽腹在內為隱諸家皆

以入于左腹為小人左道惑君子與本義異

此爻之義未詳

不從程傳之說故云未詳

上六不明晦

胡氏炳文曰下三爻以明夷為句首四五明夷之辭在句中上六不曰明夷而曰不明晦蓋惟上六不明而晦所以五爻之明皆為其所夷也

利女貞

馬季長曰家人以女為奧主長女中女各得其正故特曰利女貞矣吴氏曰慎曰先言女正位乎内釋利

女貞也愚謂彖辭先内後外故先言女正位乎内正
家之道亦先内後外也
正家而天下定矣
林氏希元曰正家而天下定猶云人〻親其親長其
長而天下平不作正家之效説
風自火出家人
馬季長曰木生火〻以木為家故曰家人火生於木
得風而盛猶夫婦之道相須而成
婦子嘻嘻
陸績作喜喜晁氏曰案喜古字

九五王假有家

假五經文字作徦云易王徦至也周伯琦引萃卦云王假有廟傳寫誤爲假豐渙二卦同語類有家之有是虛字言至于其家也非奄有四方之有

睽音奎先儒並音圭

二居同居其志不同行

折中曰二女同居之卦多矣獨於睽革言之者以其皆非長女而分不定也

柔進而上行

仲翔曰无妄二之五故上行

君子以同而異

荀慈明曰大歸雖同小事當異百官殊職四民異業文武不同威德相友同歸於治故曰君子以同而異也

見惡人

正義曰見謂遜接之也

九二遇主于巷

釋文巷字書作衖易說曰巷宮中之道文言巷象言道廣雅曰巷道也古讀巷如衖

其牛掣掣尺制切古音制

掣說文作觢之世反云一角仰也仲翔曰牛角一低一仰子夏作契訓與說文同晁氏曰契古文觢篆文掣今文愚謂掣本作觢或作㸷傳寫誤為掣王弼遂讀為掣曳之掣後儒皆仍其謬也

其人天且劓

語類天合作而剃鬚也篆文天作𠑹而作亓注以為髡首之刑從程傳也愚案漢令完而不髡曰耐應劭曰輕罪不至于髡完其耏鬢故曰耏古耐字從彡髮膚之意也杜林以為法度之字皆從寸耐音而古只作而攷工記曰作其鱗之而是也明人姚旅作露書

謂袁坤儀讀天為而豈未攷語類耶語類之說本胡
安定
遇元夫、
正義曰元夫謂初九處於卦始故曰元
厥宗噬膚
語類讀宗如同人于宗之宗五以二為宗也宗在廟
門之内右者得賢臣則禮之於廟謂之宗臣死則配
饗于庭謂之宗禮亦曰功宗漢哀帝冊免其舅丁明
曰朕惟噬膚之恩未忍君之于臣元首股肱本一體
之親有肌膚之愛故曰噬膚又二至上有噬嗑象噬

膚者言其往必合也故曰厥宗噬膚往有慶也

先張之弧後説之弧

後説之弧先儒皆作壺晁氏曰陸希聲謂作壺是説之案象數當作壺易説曰昏禮設尊説設通始以為寇也故先張之弧匪寇乃婚媾也故後説之壺始則拒之如外寇終則禮之如內賓言殆睽而終合也

往遇雨則吉

易説曰六三遇剛上九遇雨〻為澤也禮云天時雨澤

蹇

依字當作蹇見五經文字亦作謇本義謂足不能進

蓋從俗字釋之恐未然漢冀州從事張表碑云謇〻匪躬

卦自小過而來

胡氏一桂曰蹇本升卦坤上巽下坤乃西南平易之方自升九二上往得坤體之中是為利西南而往得中升九二既往五則下體成艮二正東北方卦所謂不利東北其道窮也本義謂蹇自小過來而彖傳分明自升來或自既濟來則皆有往西南之象耳愚案以卦例求之蹇不當自升來仲翔謂觀上之三又與彖辭往得中不合慈明謂乾動之坤五不言自何卦

來未詳孰是

初六往蹇來譽

程傳曰上進則為往不進則為來

宜待也

張璠作宜時也康成本云宜待時也案輔嗣注云覩險而止以待其時當有時字且時與尤之韻尤古音垂也

六四往蹇來連

連仲翔讀為輦〻亦難也往則无應來則乘剛故皆難也王弼謂得位履正當其本實雖遇于難非妄所

沿也古文輂作連見周禮鄉師注論語瑚璉〻讀為輂莊子連字皆音輂此經連字王弼亦讀為輂惟荀慈明讀如今音

上六往蹇來碩吉

程傳曰諸爻皆不言吉上獨言吉者諸爻皆未能出於蹇惟上處蹇極而得寬裕乃為吉也

无所往其來復吉有攸往夙吉

褚氏仲都曰世有无事求功故誡以无難宜静亦有待敗乃救故誡以有難須速也

若无所往則宜來復其所而安静若尚有所往則宜早

往早復
胡氏炳文曰本義兩若字未定之辭顧其時何如耳
然其吉也皆在于來復
解利西南往得衆也
仲翔曰臨初之四得坤衆故利西南往得衆也雙湖
謂蹇成解亦自蹇變愚謂蹇解者反對之卦屯蒙以
下皆反對豈蒙自屯來耶此卦例所無恐未然也
甲坼坼坊本作拆訛
釋文坼馬陸作宅云根也康成注云皮曰甲根曰宅
愚案古文宅作垞坼者垞壞字也馬鄭皆從古文非

改坼為宅。

九二田獲三狐

獸三為羣三狐謂羣狐也九家坎為狐卦互兩坎故有羣狐之象不必專指三陰

六三負且乘致寇至

程傳曰以負荷而且乘車非其據也雷氏曰寇小則為盜大則為戎任使非人則天下起戎矣謹案折中是雷說

九四解而拇而汝也

正義曰解有兩音一音古買反一音諧買反解謂解

難之初解謂既解之後彖稱動而免乎險明非救難之時故先儒皆讀為解此經唯九四爻象及上六象詞音諧買反餘並音蟹

有孚于小人

鄭氏汝諧曰世之小人皆信上之所用者必君子所解者必小人則必改心易慮無覬幸之心矣折中曰鄭氏說與傳義異而其理尤精蓋朋至斯孚者君子信之也有孚于小人者小人亦信之也信則枉者直而不仁者遠矣

損

案上經乾坤而後陰陽各三十畫而爲泰下經陰陽各三十畫而爲損損自泰來益自否來故曰損益盛衰之始　損泰初之上益否上之初本義於損言下卦上畫之陽於益言上卦初畫之陽皆誤

二簋可用享

釋文簋蜀才作軌案鄭注公食大夫禮云古文簋皆爲軌晁氏亦云

損下益上其道上行

折中曰卦義説者但主取民財一事耳豈知如人臣之致身事主百姓之服役奉公皆損下益上之事也

必如此然後上下交而志同豈非其道上行下能益上則道上行矣上能益下則道大光矣如此則於兩卦諸爻之義合

君子以懲忿窒欲

懲釋文作徵古文懲窒晁氏依陸績作脊朱子明云仲翔曰兊說故懲忿艮為山故窒欲正義曰懲者息其既往窒者閑其將來忿欲皆有往來懲窒互文而相足也

初九已事遄往

正義曰已竟也遄速也若廢事而往咎莫大焉若事

己不往則為敖慢競事速往乃得无咎本義云輟所為之事訓已為止是廢事也窃所未安漢書藝文志云每一書已已亦訓竟

九二利貞

正義曰初九已損剛以益柔為順六四為初六九二復損己以益六五為六則成剝卦矣故九二利以居而守正

六四損其疾使遄有喜

東坡曰遄初九也損其疾則初之從我也易故遄有喜陽誠齋曰初言遄往四言使遄蓋初之遄四有以

使之也謹案折中是二説

弗克違

表記曰不違龜筮弗克違者謂龜筮協從弗能辭其吉此所以為大吉也

得臣无家

谷子雲曰易稱得臣无家言王者臣天下无私家也王子雍曰處損之極損極則益故曰不損益之得臣則萬方一軌故无家也

益

正義曰損益得名皆就下而據上者向秀曰明王之

道志在惠下故取下謂之損與下謂之益

以卦體釋卦名義

案損益自泰否而來本義不言卦変者余氏芑舒曰本義說卦變專取兩爻相比而相易故多失正意賁與渙其最著要當隨地而觀耳至于損益亦是卦變以其不可用相比相易之例遂止曰卦體疑皆未然也愚案彖詞自上下下及天施地生皆言卦変也而本義皆謂之卦體胡雲峯所謂朱子雖有是疑而不可用正也

六二或益之十朋之龜弗克違王用享于帝吉

郭氏雍曰或益之人益之也十朋之龜弗克違鬼神益之也王用享于帝吉天益之也天且弗違況於人與鬼神乎鄭氏維嶽曰王用享帝言王用六二以享帝也古人一德克享天心又曰籲俊尊上帝謹案折中是鄭說云隨上升四其義皆同

項氏安世曰大有九三隨上六益六二升六四四爻享字皆作亨獨益作享讀者俗師不識古字獨於享帝不敢作亨帝也

六三益之用凶事无咎有孚中行告公用圭

易說曰凶事而曰用圭何也凶禮有賵賻贈含〻昔

執璧将命瑁者執圭将命皆西面坐委之宰舉辟與圭此凶事用圭之禮将命所以告也三多凶故稱凶事

六四中行告公從

三四之中行謂五告者五吉之三者五所信也四者五所依也三為三公故稱公四為諸侯故稱國蔡伯靜胡雙湖謂三四居一卦之中故稱中行非也乾之三四獨非一卦之中乎文言謂之不中何也六十四卦稱中行唯二五耳復初稱中行以為乾元也

九五有孚惠心勿用元吉

謹謹案折中用呂祖謙之説以勿問為句言人君但誠心惠民不須問民之感如此然後元吉

立心勿恒

正義曰勿无也語類勿只是不字非禁止之辭

偏辭也

偏孟喜作徧猶衆辭也晁氏曰當作徧本義謂求益之偏辭案繫辭言民不與民不應則衆辭之説為當

夬揚于王庭孚號有厲告自邑不利即戎利有攸往

游氏酢曰揚于王庭誦言于上也孚號誕告于下也告自邑自近及遠也愚謂邑者王之都發號自邑始

陰在上故不利即戎陽長則陰消故利有攸往

澤上於天夬君子以施祿及下居德則忌

澤上於天決降成雨夬之象也君子觀夬象以施祿澤及萬物而已不有上德不德是以有德故君施祿及下居之則忌也

初九壯于前趾

東坡曰大壯之長則為夬故夬之初九與大壯初九无興

九三壯于頄（音逵五經文字音求古音龜案說文无此字當依鄭氏作頯）有凶君子夬夬獨行遇雨若濡有慍无咎

三應上。故壯于頄。頄上之象也。應上則有凶道矣。然五陽同欲決上者也。故曰君子夬夬。一爻獨與陰相應。為陰所施。故遇雨也。雖為陰所濡。能慍不悅。得无咎也。此說本之荀慈明。頗長于傳義。安定伊川以為爻辭差錯。輒移其文。未為得也。

其行次且　晁氏曰次且趑趄古文

牽羊者當其前則不進

語類牽羊悔亡其說得於許慎之案横渠之說亦然

九五莧陸夬夬

仲翔曰莧說也。讀從夫子莧爾而笑之莧。蓋古論語

莞作莧也見釋文陸古文睦見漢唐扶頌及嚴舉碑蜀才作睦〻和也莧睦者笑說見于面與九三壯頄相反所謂決而和也

程傳備矣

胡氏炳文曰本義於履大象及此獨曰程傳備矣蓋其於履也痛後世風俗之弊甚切於夬也摘後世君心之非甚嚴

上六无號終有凶

五之決而和无號之象二惕號故勿恤五莧陸故終凶為五戒也蘇氏楊氏蔣氏皆主是說與傳義異也

姤

薛虞曰姤古文作遘案說文遘遇也姤偶也彖訓姤為遇則當從古文作遘張參五經文字云遘遇也見易雜卦今唐石經雜卦亦作遘蓋古文之僅存者馮氏椅曰古文姤作遘王誅易改為今文為姤雜卦猶是古文鄭本同（顧氏炎武謂石經雜卦遘字為訛此失攷耳）

天地相遇品物咸章也剛遇中正天下大行也

東坡曰剛者二也中正者五也陰之長自九二之亡而後為遯始无臣也自九五之亡而後為剝始无君也姤之世上有君下有臣君子欲有所為无所不可

故曰剛遇中正天下大行也

后以施命誥四方

鄭王肅誥作詰。起一反。止也。後漢司徒魯恭引此經曰、言君以夏至之日。施命令。止四方行者。所以助微陰也。復彖云、先王以至日閉關。先儒皆謂二至之日。愚謂初六為卦主。繫于金柅。其止之象乎。

初六繫于金柅

柅古文作檷先儒皆謂絡絲趺也、惟馬季長云柅者在車之下所以止輪令不動者傳義從之

九二包有魚、

包布交切九五同釋文讀為庖包有魚者仲翔曰巽為魚郭景純曰魚震之廢氣也

巽王則震蹷故虞以巽為魚无咎不利賓

姤陰長之卦制之者二也魚謂初〻繫于二〻包而有之故曰包有魚賓謂衆陽也姤五月卦一陰在下衆陽在上陰為主陽為賓故五月之律亦名蕤賓陰長則陽消故不利于賓二能包初義不及賓故无咎也

九三臀无膚

李氏簡曰居則臀在下故困初六言臀行則臀在中故夬姤三四言臀折中曰臀无膚之義與夬四同

九四包无魚

王輔嗣曰二有其魚四故失之

九五以杞包瓜

朱氏震曰杞似梣葉大而蔭

萃亨王假有廟利見大人亨利貞用大牲吉利有攸往

折中曰以彖傳觀之利見大人亨利貞為一事王假有廟者神人之聚也利見大人者上下之聚也用大牲吉廣言羣祀由假廟而推之皆所以聚於神也利有攸往廣言所行由見大人而推之皆所以聚於人也

亨字衍文

馬鄭陸績虞等並无亨字故本義以為衍文王昭素亦謂當无此字

致孝享也

來氏知德曰盡志以致其孝盡物以致其亨

聚以正也

聚荀爽作取晁氏曰取古文案漢書五行志云取不達茲謂不知注云取讀為聚晁氏說是也

君子以除戎器

釋文除本亦作儲王肅姚信陸績云除猶脩治本義並用之

一握為笑

握康成讀為夫三為屋之屋戰國策曰堯無三夫之分三夫為一屋也坤為衆三爻一屋之象人三亦為衆本義訓握為衆是也

六二引吉无咎

王子雍曰六二與九五相應俱履貞正引由猶通迎也為吉所迎何咎之有

元永貞悔亡

折中曰萃九五居尊以萃羣陰與比略同卦象澤上於地與比象亦略同也故其元永貞之辭亦同元永

貞悔亡即所謂原筮元永貞无咎也

志未光也

釋文音訓未光也一本作志未光也案語類所引亦

无志字唯虞仲翔本有之

上六齎咨涕洟无咎

王輔嗣曰齎咨嗟歎之辭也胡氏炳文曰居兑終能

反兑之悦而憂者故无咎臨六三既憂之无咎亦下

兑之終也

用見大人

代氏淵曰尊爻无此人故不云利見

今按他書引此亦多作慎

他書謂史證引何妥易作慎也案朱子集許升字序

仍作順字解

初六允升

晁氏曰說文作㚠升大吉說之案允古文㚠篆文愚謂說文㚠進也慈明注此云允然俱升今作允訓為信義與㚠殊不必如晁說也

九三升虛邑

釋文虛徐去餘反馬云丘也晁氏曰案篆文无墟字四邑為丘丘為虛非空虛馬說得之

六五貞吉升階

此卦之義，先儒皆謂巽當升坤二，當居五，坤有國邑之象，故九三升虛邑，巽居坤上成艮體，故六四曰岐山，階二者五也，故六五曰升階，荀慈明謂陰正居中，為陽作階，使升居五，是也。

上六冥升利于不息之貞

荀慈明曰：陰用事為消，陽用事為息，陰五在上，陽道不息，陰之所利，故曰利于不息之貞。

有言不信

折中讀信為伸，言動見沮抑也，尚口乃窮，信字對窮

也

坎剛為兑柔所揜

兑為剛鹵。非柔也。荀慈明謂二五為陰所揜。得之。

剛揜也

釋文揜虞作弇晁氏曰案弇古文

困而不失其所亨

困而不失其所。當為句。言困而不失其所。故亨。唯君子能之。九三困于石。失其所矣。故曰非所困而困焉。

後漢郎顗傳曰經曰困而不失其所其惟君子乎唯賢聖之君遭困遇險能致命遂志不去其道

初六臀困于株木入于幽谷（音浴）三歲不覿（古音犢後人誤入二十三

韻錫

陸氏希聲曰坎于木為堅多心株木之象石氏曰坎北方幽陰之象折中曰詩云出于幽谷遷于喬木初不能自遷于喬木而惟坐困株木之下故其象如此言臀者況其坐而不遷也

九二困于酒食朱紱方來（古音勑先鄭司農云來勑也）利用亨祀（古音已）

據于蒺藜入于其宮

齊氏曰九家易坎為蒺藜又為宮

九四來徐徐困于金車

易說曰昏禮諸侯親迎乘金車九四來迎初六而初

入于幽谷不可得見故有是象兌金坎輪故曰金車

劓刖者傷於上下既傷

一本或云傷於上下上下既傷非也盖劓刖者傷於上下赤紱在股則專指下故云下既傷則赤紱无所用而反為所困矣别本有上字者羡文

動悔有悔吉行也

陸氏希聲曰行而獲吉故曰変乃通也吉行也吉字屬上讀田氏疇曰行也二字乃是觧征吉之義

汔至亦未繘井羸其瓶

語類汔至略作一句亦未繘井羸其瓶是一句意至

而止便未及井而瓶敗言功不成也

巽乎水而上水

巽乎水范諤昌改巽乎木見陞證簡案巽乎水而上水當如本義之說改巽乎木為不辭矣巽乎水故下巽而上水故上坎彖傳例如此

无喪无得往來井井兩句意與不改井同故不復出音訓載晁氏之說改邑不改井下脫夫喪无得往來井井二句故本義云然不從晁氏也

舊井无禽

易說曰一說水中有火故井互兌離兌為澤離為鳥

鳥集于澤不集于井故井无禽四不應初之象也

盖不泉而泥

熊氏集成董氏傳義本盖下有井字董氏會通本無

九二井谷音浴射鮒甕敝漏漏古音魯故切

程傳云射注也如谷之下流注於鮒而已子夏傳曰井中蝦蟇呼為鮒魚

九五井洌寒泉食

半農先生曰初六井泥九二井谷九三渫井六四甃井至九五而後可食故曰井洌寒泉食則九五為泉明矣必渫之修之而後潔也

上六井收勿幕勿干宝作网古文通

語類收雖作去聲讀義只是收也

晁氏云收鹿盧收繘者也

晁說本虞仲翔

周易本義辨證卷四

東吴　惠　棟　定宇

革

兊金在上離火在下金從火革故曰革王仲任曰火金殊氣故能相革京君明曰金積水而爲器火变生而爲褻稟氣于陰陽革之於物物亦化焉是其義也

已日乃孚 已音以朱子發讀爲戊已之已離納已故云已日

水火相息

晁氏曰案兊无爲水之象此字必誤惜乎古今无一人辨之者不然革則既濟也且大澤爲睽矣愚案四

動成既濟故云水火仲翔之注備矣

息滅息也

息字兩訓説本程子

革而信之

釋文信之一本无之字案信古音申與正韻征正音

文明以説大亨以正

折中曰兩以字上句重在文明蓋至明則事理周盡

故以此而順人心有所更改則无不宜也下句重在

正蓋其大亨也以正行之則无不順也

君子以治歷明時

項氏安世曰兑為巫史治歷之象離為日中明時之象

初九鞏用黄牛之革

折中曰更改之義有取於革者革鳥之皮也鳥獸更四時則皮毛改换堯典希革毛毨之類是也六爻取象於牛虎豹者以此牛之皮至堅韌難以更革者也以之繫物則固故遯二之執用者似之以之裹物則密故革初之鞏用者似之

六二已日乃革之

王氏湘卿曰納甲離屬己二爻離之主故言己日二

旬之中未至於已不可革也

九三征凶貞厲革言三就有孚

案已日乃孚順乎天也革言三就應乎人也武王伐紂八百諸侯不謀同辭三就之象武王曰是未知天命紂未可伐征凶之象象曰革言三就又何之矣言尚未可往也改命之吉其在四乎所謂革而當其悔乃亾也

征凶居貞吉

王輔嗣曰改命創制变道已成功成則事損事損則无為故居則得正而吉征則躁擾而凶也

鼎

仲翔曰大壯上之初案彖傳辭云柔進上行當是遯初之五得中應剛故元亨也四陽二陰之例非大壯則遯來亦仲翔說也

吉衍文也

從程傳

鼎象也

鼎言象者王輔嗣曰革既變矣則制器立法以成之古者六官之法皆稱象古刑書皆鑄之鼎春秋傳言象魏尚書言象刑鑄鼎象物百物而為之備法象之義莫著于鼎故曰鼎象也

聖人亨以享上帝

依釋文上帝二字衍

君子以正位凝命

東坡曰革所以改命而鼎所以凝之也半農先生易

說曰天命靡常惟德是輔凝命者脩德以凝道也故

曰苟不至德至道不凝焉王者位乎天位憑權籍勢

能兼而有之不能有而凝之荀子曰兼并易能也惟

堅凝之難焉秦并七國一統天下十二年而亡能并

之而不能凝也正位凝命古帝王長有天下數百年

者惟能凝之而已易獨於鼎象言之何哉成王定鼎

於郟鄏定鼎謂之凝命昔者夏后鑄鼎以傳後王非徒和五味也享上帝焚書坑儒是不養聖賢也不能定鼎焉能凝命故三代之鼎至秦而亾莫知所在豈非神物哉

九二鼎有實我仇有疾不我能即吉

我仇本義從程傳指初愚謂仇匹也初不得言匹二與五應仇當指五王輔嗣曰有實之物不可復加益之則溢反傷其實五於乘剛之疾不能就我則我不溢得全其吉也石守道從王說

有實而不慎所往

一本愼其所往

雉膏不食

李氏椿年曰雉膏不食離明在上而无應象

失其義也

李氏心傳曰越五應上故爲失義

九四鼎折足覆公餗其形渥凶渥讀爲屋

本義形渥作刑剭讀從古訓也晁氏謂九家京荀虞

一行陸希聲皆作刑剭即周禮屋誅之法鄭康成之

注備矣漢書叙傳云底剭鼎臣渥程子從王弼訓爲厚詩顏如渥赭渥厚

漬也戰國策顏斶曰無功而

受其禄者禍必握握亦厚也

金鋐

鋐古文作扃見儀禮注釋文鋐又音古冥反疑古易作扃也

折中胡氏一桂曰程傳及諸家多以六五下應九二為金鋐本義從之竊謂鋐所以舉鼎者也必在耳上方可貫耳九二在下勢不可用或說為優然上九又自謂玉鋐者金象以九爻取玉象以爻位剛柔相濟取

中以為實也

陽實陰虛六五得言實者京君明曰陰雖虛納于陽

位稱實亦居五故言實李氏心傳曰資九二之中以為實五不即二何資之有

不喪匕鬯喪釋文音訓皆作䘮卦内並同音訓曰今本作喪

陸公紀曰匕者棘匕橈鼎之器正義曰先儒皆云匕形似畢但不兩岐耳以棘木為之長二尺刊柄與末詩曰有捄棘匕是也

震驚百里驚遠而懼迩也出可以守宗廟社稷以為祭主也

王子雍曰在有靈而尊者莫若于天有靈而貴者莫若于王有聲而威者莫若于侯是以天子當乾諸侯

用震地不過一同雷不過百里政行百里則匕鬯亦不喪祭祀國家大事不喪宗廟安矣處則諸侯執其政出則長子掌其祀范諤昌王昭素謂彖辭出上脱不喪匕鬯四字案王子雍注當如二人之説子雍注載見御覽

六二震來厲億喪貝躋于九陵勿逐七日得

易說曰周禮朝士職凡得獲貨賄人民六畜者委于朝告於士旬而舉之注舉之謂没入官司市職凡得貨賄六畜者三日而舉之然則喪貝在市未滿三日在朝未滿十日可識而獲得焉周之法也爻稱七日

震數七在旬之内躋于九陵猶委于朝不言朝者易者象也朝有九重關有九棘九陵者以象求之也書曰勿敢越逐祇復之越逐者在國越鄉在軍越伍越伍有常刑越入圜土故喪馬喪茀皆曰勿逐時王之制也凡遺物占此爻不必追逐旬内自得以此推之六十四卦無虛象信矣其義則二五皆乘剛五无喪而二不能无喪〻而復得者二五皆在中也

六三震蘇蘇

蘇〻猶索〻淮南子摸索作摸蘇〻與索聲之轉耳塩鐵論曰大夫色少寬面文學而蘇面猶背也蘇猶

氣索也

九四震遂泥

折中曰卦爻震字雖以人心為主然震之本象則雷也凡雷乘陽而動然所乘之氣不同故邵子曰水雷（雷）玄火雷赫土雷連石雷霹蓋雷聲有動而不能發達者陷于陰氣此爻陽動於四陸（陰之中故有震遂泥）之象

大无喪也

大无喪也者大其得其中能（能）无喪也春秋（秋）傳（傳）曰君子大其弗克納也詞法與之同

艮其背

說文曰𥃩很也從匕目匕目猶相匕不相下也康成曰艮之言很也艮為山山立峙各於其所无相順之時故謂之艮輔嗣曰艮其背目无患也又云凡物對面而不相通否之道也艮者止而不相交通之卦也蘭氏廷瑞曰人我不交悔吝何從而生是以无咎

艮其止

音訓艮其止晁氏曰案只當依卦辭作艮其背王弼妄為之說虞翻輩何得无一言也是尚未錯謬也項氏安世曰案古文背字為北有訛為止之理

上下敵應不相與也

正義曰八純之卦皆六爻不應獨於此言之者謂此卦既止而不交爻又峙而不應與止義相協故兼取以明之也

易背為止以明背即止也

用輔嗣注

不拯其隨

拯釋文音訓作承音訓曰今本作拯晁氏曰案孟京王陸績皆作承一行作抍明夷渙同

列其夤 列孟喜一行讀為裂折中曰列峙也

夤當依鄭氏作䏰本義云夤膂也案玉篇䏰為脊肉

膂為脊骨自是兩義訓䏰為膂蓋本程傳

厲薰心

薰仲翔讀為閽云艮為閽坎盜動門故厲閽心古閽作熏字馬氏因言薰灼其心未聞易道以坎水薰灼人也案薰與閽通詳見九經古義

危薰心也

心吴才老韻補音思容切案心與聽協亦通

止諸躬也

王氏應麟曰艮其象以躬解之傴背為躬見背不見面

六五艮其輔

胡氏炳文曰輔頬之兩旁骨背後可得而見者咸言其面故并見頬舌艮其背故止言輔

正字羡文叶韻可見

姚氏小彭曰小象上下文叶韻當作正中

以厚終也

折中曰艮者萬物之所成終而所成始故上言厚終

漸女歸吉

此經卦變未詳仲翔謂否三之四馮氏朱氏胡氏皆從其説蘭氏廷瑞曰六三往外漸進一位不獵等以

漸而進者惟女歸為得其義々或然也
以卦體言謂九五也
自旅而來九進居五則彖傳剛得中仍是卦變不得專
屬卦體矣胡雙湖謂否六三進而成漸九五一爻又
從旅蠱賁三卦變來其說支離吾不知之矣

山上有木漸君子以居賢德善俗
折中曰地中生木始生之木也山上有木高大之木
也凡木始生枝條驟長旦異而夕不同及既高大則
自拱把而合抱自掞手而干霄必須踰年積歲此升
與漸之義所以異也居德善俗皆須以漸又居賢德

然後可以善俗亦漸之意也

或善下有脱字

案王肅本作善風俗故本義云然

六二鴻漸于磐

音訓磐晁氏曰漢郊祀志作般孟康曰般水涯堆説

之案般古文

婦孕不育

語類卦中有兩箇孕婦字不知如何取象不可曉案

三至五約象離〻中女故稱婦爲大腹故稱孕離體

非正故不育三五皆體離故皆稱孕婦互體約象之

說朱子所不用故云不可曉也

六五鴻漸于木

錢氏時曰先儒謂鴻不木棲鄉間歲暮則至棲於高木之上先儒殆失攷胡氏一桂曰木桷皆取巽木象鴻之漸進至此適當巽木之初也

胡氏程氏皆云陸當作逵

胡氏名瑗字翼之號安定泰州人安定讀陸爲逵程子從之顧氏炎武曰胡氏之說出於毘陵從事范諤昌朱子謂合韻非也儀古皆音俄不與逵爲叶棟謹案折中曰陸乃阿字之誤阿大陵也進於陵則阿矣

儀古讀俄。正與阿叶

歸妹

陸氏希聲曰易以咸恒為夫婦之道漸歸妹為夫婦之義漸四爻得正故女歸吉歸妹四爻失位故征凶

愚案歸妹卦互坎離坎月離日陰陽之義配日月又卦自泰來三四易位乾坤交故曰歸妹天地之大義而此卦六五亦有帝乙歸妹之占。特以四爻失正。三五乘剛。故卦辭曰征凶無攸利。張氏遂謂所歸在妹。不正可知。失之遠矣。

所歸妹也

震嫁兑故云所歸妹也

跛能履

胡氏一桂曰兑為毀折故跛居得正故能履

賢正之德

賢正依程傳當是堅貞

九二眇能視

朱氏震曰互體為目兑毀其右眇也仲翔曰震上兑下離目不正故眇能視

或曰須女之賤者

唐一行說也折中從之虞氏說卦本云為妾為羔今作

羊羔使女三體兊故云須象曰未當也當讀如字盖妾御莫敢當夕之義司馬相如傳文君心悦而好之恐不得當也師古曰當謂對偶也

九四歸妹愆期遲歸有時

易說曰六居三九居四不中不正卦辭所謂征凶者也愆期謂期而不至詩云昏以爲期明星煌煌鄭箋云女留他色不肯時行故男雖親迎女猶不至而謂之賢女可乎春秋莊公二十四年夏公如齊逆女秋公至自齊八月丁丑夫人姜氏入公羊傳曰其言入何難也其言日何難也夫人不僂不可使入與公約

然後入何休云僂疾也齊人語夫人稽留不肯疾順公與約定八月丁丑乃入故為難辭莊公先娶孟任生子般夫人有難辭者以此然則盤桓不行稽留有待約定乃行正所謂歸妹愆期遲歸有時者

月幾望

五體坎〻月也二體兑〻象見丁上弦時也故云月幾望近也

上六女承筐（釋文音訓皆作匡／晁氏曰筐俗字）无實士刲羊无血

上六之注程傳得之胡氏（炳文）曰震筐兑羊上與三皆陰虛而无應故有是象

王假之尚大也

折中曰尚大謂王者至此所尚者大也志意廣大則不能謹小慮微而明有所不照即昏之微而衰之兆也故言宜日中者謂能常明不昏則能常中不昃

日中則昃

釋文音訓作吳釋文云昊孟作稷晁氏曰案稷古文群九經會寂

初九遇其配主配鄭作妃晁氏曰案妃古文配字雖旬无咎

本義旬均也讀從荀慈明本古文旬均通第案之象辭與均義不合半農先生易說曰四在震為主故稱

主初四敵應故稱配敵應者不相與故稱遇往有尚謂朝聘也鄭康成曰初脩禮上朝四以匹敵恩意待之雖留十日不為咎正以旬日者朝聘之禮止於主國以為限聘禮畢歸大禮曰旬而稍旬之外為非常賈公彥曰旬而稍者賓客之道十日為正一旬之後或逢凶変不得時反則有稍禮謂之稍者留閒稍〻給之故曰非常非常者或逢凶変也逢凶変則有過旬之稍焉凶変謂之災故曰過旬災也言筮者遇此爻則告以可暫留而不可久處苟無凶変安得久安而不去乎初體離為日至四歷三爻為一旬三爻為

一旬者京君明曰初爻三日二爻三日三爻三日名九日餘有一日名曰閏餘則三爻為一旬也項氏安世曰離納己震納庚自己逆數至庚為旬自離初至震四也過庚復己則為離之四當有焚棄之災故曰過旬災也

六二豐其蔀

音訓蔀陸氏曰鄭薛作菩晁氏曰案菩古文蔀

日中見斗

音訓見斗陸氏曰孟作見主晁氏曰案主古文斗字

愚案古讀斗如主字隨讀變故斗或作主〻非古文斗也晁失之

日中見沬折其右肱

見斗見沬日食之徵沬者斗杓後小星小星見則日全食矣九三折其右肱三爲三公康成謂斥去用事之臣則无咎漢丗水旱日食輒策罷三公蓋取則于此折中以爲此義與彖傳日中則昃月盈則食相發

沛一作斾

見釋文

沬小星也

本子夏傳

遇其夷主吉行也

折中吉行也吉字屬上讀

闃其戶闃其无人闃坊本作闃訛唐石經五經文字皆從門狊聲孟康注漢書云古闃字作闃從門中狊

何邵公注公羊曰有而無益于治曰無猶易曰闃其無人王仲任曰闃其戶闃其无人非无人也无賢人也淮南子亦云非無衆庶也言無聖人以統理之也案左傳師慧過宋朝將私焉其相曰朝也慧曰無人焉與此義同

天際翔也

易說曰漢易天際翔為天際祥孟喜曰天降下惡祥

也春秋傳曰將有大祥國幾亾五行傳有青白之眚
青曰之祥皆以惡徵為祥鄭氏曰青生于巳祥自外
來天降之惡徵故為祥也

柔得中乎外而順乎剛

虞仲翔荀慈明姚元直范長生即蜀才皆云否三升五
五失其居故稱旅順乎剛〻謂上

山上有火旅

正義曰火在山上逐草而行勢不久留故為旅象

初六旅瑣瑣

瑣古音座與災韻顧氏易音不及此蓋未之攷說文惢讀若易旅

瑣瑣惢讀為瑣是瑣有惢音也惢本音歷瑣音歷災音甾

斯其所取災

斯王輔嗣讀為廝養之廝古文作斯謹案折中是王說

六二旅即次懷其資得童僕貞

九家易曰以陰居陽即就其舍承陽有實故懷其資初者卑賤二得履之故得童僕

胡氏炳文曰貞諸家多作一句讀本義以連上文蓋二有柔順中正之德不復以貞戒故貞字連下句為義

程傳以貞屬上句故本義云然

得其資斧

資斧程傳曰貨財之資器用之利也釋文云子夏及衆家並作齊斧應劭漢書注云齊利也讀如齊衷之齊語類亦主此説與上九同

以旅在上其義焚也

折中曰以旅之道在上則視所居之位如寄寓然其无敬慎之心可知故曰其義焚也

喪牛于易終莫之聞也

釋文音訓李心傳本皆云喪牛之凶云本亦作喪牛

于易案李氏所據當是本義未敢改也

巽

音訓巽晁氏曰說文作顨云巽也此易顨卦為長女為風者說文今巽字皆巺云具也說之案巺古文顨篆文巽今文愚案說文玉篇古文巽作巺

剛巽乎中正而志行柔皆順乎剛是以小亨

仲翔曰遯二之四柔得位而順五剛故小亨姚氏小彭從虞說陸公紀曰陰為卦主故小亨

用史巫紛若

正義曰史謂祝史巫謂巫覡並是接事鬼神之人愚

案二體兌〻為巫故有史巫之象

三品者一為乾豆一為賓客一以充庖

三品見王制及穀梁其說本王輔嗣也

先庚三日後庚三日

易說曰蠱彖先甲後甲巽五先庚後庚說者謂甲木為仁庚金為義門內之治恩掩義故蠱象父子門外之治義掩恩故巽利武人太元白庚斷甲義斷仁也

愚謂日在甲為早庚從貝為續（古文早作皁續作賡）甲者開其始故彖曰終則有始庚者續其終故爻辭无初有終

喪其資斧

折中曰資斧古本作齊斧爲是蓋因承旅卦同音而誤也說卦齊乎巽齊斧者所以齊物之斧也棟謹案古齊資同音故齊斧亦作資斧字隨讀变也

說以先民民忘其勞說以犯難民忘其死

兑爲金金西方殺氣之始也其于王事出軍行師誓士衆征畔逆動而合宜則金得其性故曰說以先民民忘其勞說以犯難民忘其死

君子以朋友講習

有朋自遠方來得英才而教育孔孟皆謂之樂正義謂朋友聚居講習道義相說之盛莫過于此也仲翔

曰兑而對故朋友講習

六三來兑凶

易説曰六三來兑上六引兑卦以三上而成剛中柔外柔道牽引與牽同義柔道不能獨立必附於剛或進或退或往或來皆剛牽而引之故上曰引三曰來明上之引孚於五三之來孚於二也故二五皆稱孚亦皆孚於三上可知矣八卦相蕩故有往來春秋書侫人來三之來其侫人之象乎

九四商兑未寧介疾有喜

易説曰凡陰稱疾陽稱慶易之例也四介三五之剛

下比三故稱疾上承五故稱慶說文從外知內曰商
四當內外之介故稱商

九五孚于剥

胡氏炳文曰兑秋之中九月為剥他爻皆稱兑五獨
稱剥者深為君子戒也

上六引兑未光也

易說曰凡陽稱光未光者言九五之光揜於上六也
夬萃五上同義

剛來而不窮柔得位乎外而上同卦辭注云其變剛本
自漸卦九來居二而得中六往居三得九之位而上同

於四

六往居三仍在内卦彖云外何也六居三為失位謂之得位可乎先儒虞氏盧氏等皆云涣自否來乾來居坤成坎體坎為通往來不窮謂之通故云剛來而不窮坤居乾四上承九五故云柔得位乎外而上同彖義如此而注不云者胡氏炳文曰本義以二爻相比者為變故朱子雖有是疑而不改正也

王乃在中也

先儒謂乾為王乾四之坤二故云在中嫌二非王故稱王也

利涉大川乘木有功也

項氏安世曰石經彖文利涉大川之下亦有利貞二字案唐石經无此二字當據蜀石經也

九二渙奔其机

程傳机者俯憑以爲安者也胡氏炳文曰九奔二机蓋以卦變言也九剛故象机本有悔得中而安故悔亾

六四渙其羣元吉

呂氏春秋曰渙者賢也羣者衆也元者吉之始也渙其羣元吉者其佐多賢也程傳曰天下渙散而能使

之羣聚可謂大善之吉也其說與古訓合本義謂散其朋黨君子羣而不黨羣不可訓爲黨也散羣之說蓋本老泉未爲得也王氏應麟曰渙其羣蘇明允曰羣者聖人所欲渙以一天下者也本義取之謂程傳有所不及

九五渙汗其大號渙王居

易說曰王之位曰大寶王之名曰大號以一人而臨萬邦撫四夷言傳號渙萬里奔走上下四方無所不達故有渙汗之象渙王居者天子之居曰京京言高也大也渙之象故象曰正位也注以號爲號令居積失之棟案書皐陶謨曰懋遷有無化居訓居爲居積

本此

上九渙其血去逖出

逖與惕古文通故本義從程傳讀逖為惕陸氏友文曰坎為血卦血指六三逖遠也小象遠害正是以遠釋逖字上雖與三應超處渙上不為所染故渙散其血捨之遠去坎險之害而得无咎也朱子引小畜文改惕字似未安項氏安世曰上九爻辭血與出韻叶皆三字成句不以血連去字也卦中惟上九一爻去險最遠故其辭如此

若節不可貞

仲翔曰謂上也

剛柔分而剛得中

盧氏曰此本泰卦分乾三上升坤五分坤六五下處乾三是剛柔分而剛得中也愚謂此與噬嗑卦變同義剛柔分謂泰也剛得中乃言卦變謂二五也

當位中正指五

此注本仲翔

君子以制數度議德行

正義曰數度謂尊卑禮命之多少德行謂人才堪任之優劣君子象節以制其禮數等差皆使有度議人

之德行任用皆使得宜謹案折中謂孔氏之説于議字尤切且得愛爵禄慎名器之意

九二不出門庭凶

隨下震乙為卯卯為開門故初九有出門之象節下兊兊為酉酉為閉門故九二有不出門之象然節象上坎下兊坎為通兊為塞老子曰塞其兊通塞以時故初當塞二當通二居中與五敵應知塞而不知通故云失時極言失時中之義極亦中也

六四安節亨

折中曰節曰亨為九五中正以通也而亨於四言之

者五者水之源也四者水之流也水之通在流承上
之源而布之者也

九五甘節吉

折中曰水之止者苦積澤為鹵是也其流者甘山下
出泉是也五為坎主水之源也在井為洌取其不泥
也在節為甘取其不苦也

上六苦節貞凶悔亡

胡氏炳文曰五位中故為甘上位極故為苦彖曰節
亨五以之曰苦節不可貞上以之來氏知德曰无甘
節之吉故貞凶无不節之嗟故悔亡

以一卦言之為中虛以二體言之為中實

說本程傳〻又云中虛信之本中實信之質朱氏震曰中實之說與虞氏同中虛之說與郭璞同以此見伊川其於象蓋講之矣

柔在內而剛得中

三四得言內者彖者材也以全體言之得言內也柔在內中虛之象剛得中中實之象或曰柔指六三

初九虞吉有它不燕

荀慈明曰虞安也初應于四宜自安虞无意於四則吉故曰虞吉也有意于四則不安故曰有它不燕也

愚謂初正應四不得言有它卦爻相應情同夫婦故非應者曰它柏舟詩曰之死矢靡它是也當云四絕類上初宜安處于下則吉若妄求它應則志變而失所安矣本義謂戒占者之辭是也比初六有它吉大過九四有它吝凡言它者皆以過應言之子夏比初六傳曰非應稱它也

吾與爾靡之靡讀為縻縻靡為切古音磨易說曰言相磨礪也

六四月幾望

音訓幾陸氏曰京作近荀作既晁氏曰孟荀一行作既孟云十六日也說之案古文讀近為既詩往近王

舅是也此實當作既愚謂四體巽納甲十六日巽象退辛故云既望孟長卿晁以道之說是也

上九翰音登于天

易說曰雞棲于桀劣能登墻雉之高飛不過一丈無戾天之翼而曰登天易之取象荒矣翰一作鶾〻音雉肥古用以郊天故曰登于天魯郊以丹雞祝曰以斯鶾音赤羽去魯侯之咎見說文 占曰貞凶何也椎雞断尾憚為犧郊天之禽衣以文繡其去死不遠矣故

象曰何可長也

飛鳥遺之音不宜上宜下

易説曰小過離象半見離爲鳥初上爻小過横成非字從飛下𤼲鳥飛下故曰不宜上宜下卦之初上皆有飛鳥之象焉説文一在上象天不字是也一在下象地至字是也不者鳥飛上翔不下來至者鳥飛至地不上去上九上翔固宜凶矣初九在下宜吉而凶者初應四亦上翔不下來故凶

三四皆以剛失位而不中九居三不可謂失位仲翔注則專指四也柔得中亦專指五是以小事吉也

項氏安世曰石經云是以可小事也彖辭脱可字羨

吉字案此亦當據蜀石經

上逆而下順也

王輔嗣曰上則乘剛逆也下則承陽順也仲翔謂四

五失位故上逆二三得正故下順此説頗勝輔嗣

郭璞洞林占得此者或致羽蟲之孽

劉歆視傳曰有羽蟲之孽於易剛而包柔為離小過

本離〻為鳥初上变故有飛鳥之象

六二過其祖遇其妣

過其祖遇其妣此實象也祖謂后稷妣謂姜嫄周人

以后稷為始祖而姜嫄特立廟祭之周禮享先妣在享先祖之前詩曰似續妣祖皆妣先于祖此說得之顧氏炎武或謂祖為初非也嗣王輔本義得之

爻辭為文王作則顧氏亦未盡然仍當以彖為主

九三弗過防之從或戕之

胡氏一桂曰朱子謂弗過遇之是兩字為絕句語類弗過防之四字只是一句至弗過遇之與弗過過之皆是兩字為絕句愚謂弗過防之亦當兩字為絕句蓋小過乃陰過之時故二陽皆稱弗過是言陽弗能過也防之防陰也二陰在下有上進之勢故當防棟寀雙湖說是也弗過防之謂三弗能過五而當防二也弗過遇之謂四弗能過五而適遇

之也

弗過遇之位不當也往厲必戒終不可長也

位不當所謂剛失位而不中也不可長々當依程傳讀為上聲猶言不可過也

已上也

語類已上也上字作平聲叶愚案康成本上作尚尚音常與長亢韻亢音岡虞仲翔讀為䪵頏之頏然先儒謂古人韻緩平上皆可協也語類已亢也亦叶平聲

上六弗遇過之飛鳥離之

上六已亢故弗遇句過之者過五也飛鳥離之上逆

之象故凶離猶羅也謂羅于網詩曰鴻則離之離協羅

離與過韻過音平聲或説作過遇者非

濟下疑脱小字

説本正義

初吉柔得中也

折中曰凡易義以剛中為善而既未濟皆善柔中者既濟以内卦為主至外卦則向乎未濟矣未濟亦以内卦為主至外卦則向乎既濟矣亦猶泰之善在二而否之善在五謹案折中此條亦用互體約象之説

初九曳其輪濡其尾无咎

易說曰坎為輪茀者車之蔽也二象輪曳之者初也初非輪乃曳輪者二為婦車初曳其輪故二喪其茀自二至上為重險見險而能止雖濡其尾於義何咎語類象辭咎叶上聲

茀婦車之蔽

本義依詩以茀為翟茀李氏舜臣曰離為雉為文明有翟茀之象

以中道也語類道亦上聲音斗

九三高宗伐鬼方三年克之

汲郡古文曰武丁三十二年伐鬼方次于荆三十四

年王師克鬼方氏人來賓

憊也音訓陸氏曰憊陸氏作備云當作備

終日戒

仲翔曰離為日坎為盜在兩坎間故終日戒

繻當作濡

程子讀繻為濡謂滲漏也

禴祭

程傳曰禴薄祭也蓋讀禴為瀹古文本作瀹顏氏師古曰漢書注瀹煮新采以祭

吉大來也語類來字叶黎

何可久也語類久與已通已字平聲為替

小狐汔濟濡其尾

孟喜章句曰小狐濟水未濟一步下其尾故曰汔濟濡尾戰國策引此曰此言始之易終之難也郭璞洞林曰小狐迄濟垂尾累哀初雖偷安終靡所依三說皆與彖辭合

雖不當位剛柔應也

程傳曰卦之諸爻皆不得位故為未濟雜卦云未濟男之窮也謂三陽皆失位也斯義也聞之成都隱者語類曰見張欽夫說伊川之在涪也方讀易有箍桶

人以此問伊川不能答其人云三陽失位伊川謂是不知此語大珠林上已有盖伊川未曾看雜書所以被它說動了

亦不知極也

古訓極中也卦辭小狐汔濟濡其尾謂初失位不中故彖言未出中象言不知極九家坎為狐初體坎故曰濡其尾荀氏易坎為極心（今依亟）極訓中謂二五也坎陰在上為得位在下為失位故云亦不知極

或疑利字上當有不字

劉氏（彌邵）從或說

震用伐鬼方

音訓震晁氏曰震字漢名臣奏作祇孟京虞云震敬也一同行棟案古文祇與震通而震又作振石經盤庚今尔惠朕曷祇動萬(民)以遷今書作震動史記皋陶(陶)云日嚴振敬六德魯世家毋逸云治民震動(懼)今書作(皆)作祇〻与振又皆訓敬史記肸誓云毋敢越逐敬復之徐廣曰敬一作振今書作祇內則祇見孺子康成云祇敬也或作振乃知振敬祇三字義並得通振亦作震又訓為震動意此經之義攷之世本汲郡古文詩商頌商之鬼方周時荊楚之地商頌殷武即伐鬼

方詩也震用伐鬼方震之言奮也與奮伐荆楚同義
詩傳攷補謂震爲摯伯名誕妄殊甚故備論之
以六居五亦非正也
六居五非正爻辭何以謂之貞吉乎仲翔曰之正則
吉故貞吉无悔六居五本非正以其變之正故云貞
吉爻辭不當位而云貞吉者皆當從此例
濡其首
李氏簡曰未濟之終再及既濟而復以濡首戒之懼
以終始其要无咎此之謂易之道也

周易本義辨證卷五

東吳惠棟定宇

繫辭上傳

釋文曰王肅本皆作繫辭上傳訖於雜卦皆有傳字蓋王弼本作繫辭上不云傳也李氏心傳曰晁氏呂氏皆從古晦菴用之王氏應麟曰漢儒林傳云孔子晚而好易讀之韋編三絕而為之傳王肅本是也

八卦相盪

釋文曰盪眾家作蕩王肅音唐黨反馬云除也桓公云動也唯韓云相推盪愚謂蕩有二義一訓動蕩之蕩

桓元說是也月令云諸生蕩一訓排蕩之蕩馬融說是也漢有蕩寇將軍而排蕩之蕩後人改作盪見蔡湛碑故釋名云蕩盪也排蕩去穢垢也說文盪為滌器此經蕩字韓伯改為盪又釋為推盪兩漢以來從無是訓不謂俗說流傳至今猶未改也續漢書張綱傳曰方垂盪然乃知後漢以來曠蕩之蕩亦作盪則盪為蕩或字也

天下之理得而成位乎其中矣

釋文曰馬王肅作而易成位乎其中荀慈明曰陽位成於五陰位成於二五為上中二為下中故曰成位乎其中王輔嗣〔韓康伯〕云成位況立象此言成易之位非言成人之位易則易知以下本義謂人法乾坤之道而以

成位乎中爲聖人參天地之事。愚竊以爲不然。

右第一章原本云此第一章以造化之實云云右皆作此不別爲大字今本右第一章下旁注此章云云蓋從胡雲峯通釋本也

折中曰諸儒言易有四義不易也交易也變易也易簡也故天尊地卑一節言不易者也剛柔相摩二句言交易者也鼓之以雷霆至坤作成物言變易者也乾以易知以下言易簡者也易道之本原盡乎此故爲繫傳之首章焉

案第一章與正義音訓同

而明吉凶

仲翔本吉凶下有悔吝二字

君子居則觀其象而玩其辭

語類上居字是摠就身之所處而言此居字是靜對

動而言

右第二章

折中曰上章言作易之源本此章乃備言作易學易

之事蓋承上章言之而為後諸章之綱也

案第二章與正義音訓同

言乎其小疵也

唐石經云存乎其小疵也

右第三章

折中曰此章申第二章吉凶者失得之象也一節之義吉凶悔吝之外又有所謂无咎者其道甚大而貫乎吉凶悔吝之閒故易之中有曰吉无咎者有曰凶无咎者有吝无咎者然其機皆在于悔是故易辭之教人也於吉凶辯而已於悔吝則憂之謹其幾也憂之不已又從而震之故曰懼以終始其要无咎此之謂易之道也

案第三章與音訓同正義自此至故知死生之説為第三章

彌綸

語類彌字若今所謂封彌試卷之彌惟其封彌得无縫罅所以能徧滿

天地之道

釋文音訓皆天下之道

精氣為物游魂為變

康成注曰精氣謂七八也遊魂謂九六也七八木火之數九六金水之數木火用事而物生故曰精氣為物金水用事而物變故曰遊魂為變精氣謂之神遊魂謂之鬼木火生物金水終物

天文則有晝夜上下

今歷法地之上下四旁無非天也日月星辰皆繫于天故地有晝夜而天無晝夜外傳天有晝夜蓋據人所見而書立天地之道曰柔與剛剛柔者晝夜之道也以晝夜屬之天文誤甚

易无體

王氏應麟曰葉少蘊謂凡易見於有為者皆言用用之者何體也而易不以體對用。故別而論之曰易无體晁景迂曰體用本乎釋氏。

右第四章

音訓自此至君子之道尠矣為第四章正義自精氣為物至君子之道鮮矣為第四章

繼之者善也

折中曰此繼字猶人所謂繼體所謂繼志天地之理全付于人而人受之但謂之付則主於天謂之受則主於人惟謂之繼則見天人承接之意而付與受兩義皆在其中矣天付與人而受之其理旣無不善則人之所以為性者亦豈有不善也故孟子之道性善者本此也下文仁知百姓者皆局於所受之偏而不能完其所付之全故程朱之言氣質者亦本此也

藏諸用

藏鄭本作臧第十一章知以藏往劉瓛作臧案說文无藏字古藏字皆作臧漢書猶然或訓臧為善非也

語類載本義云顯者陽之仁也德之發也藏者陰之知也業之成也蓋據未定本

用謂機緘之妙

機緘二字出莊子天運篇

效法之謂坤

釋文音訓董氏傳義皆云爻法之謂坤董引本義曰爻呈也晁氏曰文古文效字

張忠定言公事有陰陽

乖厓先生語錄曰公謂李畋曰子還知公事有陰陽否對曰未也凡百公事未着字前則屬陽〻主生也通變由之着字後屬陰〻主刑也刑貴正名〻不可改乖厓名詠字復之謚忠定濮州鄄城人語類忠定公言公事未判時屬陽已判後屬陰也

右第五章

正義自顯諸仁至道義之門為第五章音訓自顯諸仁至陰陽不測之謂神為第五章

以言乎邇則靜而正

邇釋文音訓作迩云今本作邇

右第六章

第六與音訓同

天地設位而易行乎其中矣

語類曰識見高於上所行實於下中間便生生而不

窮故説易行乎其中成性存存道義之門

猶知禮存性而道義出也

知禮成性則道義出横渠易説中語也朱子改成爲

存言本然之性不待習而成也

右第七章

第七章與音訓同

聖人有以見天下之賾

語類曰古无賾字只是嘖字說本徐鍇今從叵亦是口之義愚案京房許慎作嘖九家作冊釋名曰冊賾也簡冊最繁故賾亦為繁雜之義春秋傳曰嘖有繁言

聖人有以見天下之動

仲翔曰重言聖人謂文王也

而觀其會通以行其典禮

胡氏炳文曰不會則於理有遺闕如之何可行通是

時中典常是庸

如庖丁解牛會則其族而通則其虛也

見莊子養生主郭象曰交錯聚結為族莊子無虛字庖丁曰導大窾窾即虛也

言天下之至賾而不可惡也

惡釋文烏路反孟讀惡為亞荀爽作亞云次也晁氏曰亞古文善惡字非也惡乃古文亞尚書大傳曰王升舟入水鼓鍾惡觀臺惡將舟惡康成注曰惡讀為亞宋時有玉印曰周惡父印劉原甫以為即條侯亞父史記盧綰孫他之封惡谷侯漢書作亞谷是惡皆讀為亞亞猶仲也勃少子故稱亞魯文公子惡衛有石惡皆當讀為亞荀訓為次次猶仲也所以語類云惡字有三音或亞或如字或烏故反朱子

謂烏故反為近愚意當從古讀為亞訓為次至賾故不可次至動故不可治亂治也擬諸其形容所以次之也觀其會通以行其典禮所以治之也故云及天下之賾者存乎卦鼓天下之動者存乎辭

為易者其知盜乎

李氏心傳曰為易諸本多云作易今從釋文及朱本音訓云為易者今本作〻易者

上慢下暴盜思伐之矣

折中曰慢暴者上褻慢其名器則在下之小人得肆其殘暴也奪者禍止其身伐者禍及國家矣

治容誨淫

治先儒皆作野仲翔曰三動成乾爲野康成曰謂飾其容而見於外曰野愚謂野容謂出無擁蔽猶野處也列女傳載華孟姬曰車奔姬墮使侍御者野帷以自障蔽曰妾聞野處則帷裳擁蔽所以正心一意自歛制也頌曰孟姬好禮執節甚公避嫌遠別終不治容疑古本列女傳亦作野人後以王弼俗本竄易之耳

右第八章

第八章與音訓同正義自聖人有以見天下之賾至

其臭如蘭爲第六章初六藉用白茅至盜之招也爲第七章案馬季長荀慈明姚元直等分白茅章後取負且乘更爲别章餘皆同正義成十三章也

此簡本在第十章之首程子曰宜在此今從之

案此經二節相連蓋據漢書律歷志愚謂律歷志本劉歆三統歷歆欲明天地之數故移此條于天數五之上非易經次第如此也善讀書者當知之

此言天地之數陽奇陰偶即所謂河圖者也天一地二以下乃五行之次邵氏謂之河圖而朱子誤信之殊不足據辯見卷首

五位相得而各有合

正義曰若天一與地六相得合為水地二與天七相得合為火云云元龔幼文是孔說

變化謂變生水而六化成之云云

此即鄭康成五行氣并虞仲翔一六合水之說

大衍之數五十

折中曰洪範卜五占用二衍忒衍者推衍也忒者過差也卜筮所以推衍人事之過差故揲蓍之法謂之大衍大音太如太卜太筮之比乃尊之之稱非如先儒小衍大衍之說

掛一以象三

掛五經文字作挂仲翔本同

歸奇於扐以象閏

仲翔横渠兼山以歸奇為歸掛一之奇于扐即閏法

氣盈朔虛併一之說

蓋以河圖中宮天五乘地十而得之

以五乘十劉歆之說也其義即鄭氏天五生土于中地十成之與天五并之謂愚案漢氏九宮之法同于說卦四正四維皆合于十五以五乘十以十乘五即大衍之數五音六律七宿由此作焉音自倍而為日

律自倍而為辰故日十而辰十二七宿四方各七四七二十八亦合于大衍之數（京房主是說本易乾鑿度）蓋日合于天統月合于地統斗合于人統即三才也漢儒皆主是說（其義具律歷志及乾鑿度）天地之數五十有五朱子謂聖人去這裏面取那天五地十衍出這個數（見語類）則似非理勢之自然不若用九宮之為當矣

四營而成易十有八變而成卦

以分二挂一揲四歸奇為四營陸公紀之注也十八變而成六爻則荀慈明之說矣

引而伸之

伸古文作信詩正義引此六作信下繫來者信也以求信也皆從古文讀此從俗蓋唐以後亂之

右第九章

第九章與音訓同正義首節天一地十在第十章之首次節天數五在大衍之數五十下自大衍之數五十至可與佑神矣為第八章子曰知變化之道者至此之謂也為第九章案虞仲翔以正義第九章合大衍之數共為一章折中曰知变化之道一節是承蓍卦而贊之下文象变辭占即是变化之道至精至变以極于至神即是神化之道謹案折中說如此則虞

氏合爲一章者不爲无理故仲翔注此章曰諸儒皆上子曰爲章首而荀馬又從之甚非者矣

以言者尚其辭以動者尚其變以制器者尚其象以卜筮者尚其占

釋文音訓以言者下三句无以字釋文云一本四句皆有

其受命也如嚮

晁氏曰嚮古文響唐石經從俗作響

參伍以變

參伍劉歆讀爲三五謂三才五行也淮南泰族曰帝王涖政施教必

用參五亦謂天本義音曹參之參案韓非子曰省同
地人及五行
異之言以知朋黨之分偶三五之驗以責陳言之實
而本義引作參伍蓋本義用楊倞之註讀參為參錯
之參非韓非本書古參字皆讀為三史記引周書曰
必參而伍之注亦謂三卿五大夫

聖人之所以極深而研幾也

幾古文作機鄭康成讀為幾王輔嗣從鄭讀改為幾
先儒唯鄭康成不輕改字經傳中應讀某字者悉具
于注中無徑改之者慎之至也魏之王輔嗣晉之杜
元凱隨讀改字故易經左傳之古文皆亾于王杜後

人不敢及此反敢誹議康成為多改字無識之甚也

愚嘗著說辯之詳見九經古義

右第十章

第十章與音訓同

聖人以此洗心

先儒及漢石經皆作先心先儒謂京房荀爽虞翻董遇張璠范長生也謂知來也唯王肅韓伯作洗心晁氏曰先古文洗非也古洗濯字皆作洒春秋傳曰洒濯其心是也先讀為洗王韓之俗學識者審之

其孰能與於此哉

唐石經及李鼎祚本皆云其孰能與此哉今正義有
於字蓋宋以後人所增
所謂无卜筮而知吉凶也
老子語引見莊子故加所謂以稱之
見乃謂之象
見音現譙定讀如字
莫大乎蓍龜
莫大先儒皆作莫善承訛已久不敢改也
立下疑有闕文
荀悅漢紀引易云立象成器前書翟義傳云備物致

用立功成盖以為天下利故云立下有闕文愚謂立成器以為天下利下繫十二盖取是也立下不當有闕文

易有四象

易説曰四象失得之象憂虞之象進退之象晝夜之象聖人設卦觀象繫辭焉而明吉凶繫辭焉所以告也定之以吉凶所以斷也

右第十一章

第十一章與音訓同正義首節崇天一地二一節二十字至民咸用之謂之神為第十章是故易有大極

至自天佑之吉无不利為第十一章
聖人立象以盡意設卦以盡情僞
崔氏憬以立象為八卦之象設卦謂六十四卦謹案
折中以崔説為是
如近世通書乃周子所自作易為後人每章加以周子
曰字
近書通書謂胡五峯所刻本除去篇名每章加周子
曰也
乾坤毀則无以見易易不可見則乾坤或幾乎息矣
本義讀毀為毀壞息為滅息乾坤即天地也安得以

毀壞滅息言之窮以其説為未安此節之義以漢易攷之卽孟喜卦氣之説也乾坤者十二畫也易者坎離也坎月離日日月為易緼藏也離麗乾坎藏坤故為易之緼乾坤各六畫分為十二消息坎月離日居中央旺四季坎戊離己方伯卦故乾坤成列而易立乎其中矣乾成則坤毀謂四月也坤成則乾毀謂十月也乾坤毀則坎離分此六日七分時也故云无以見易幾近也息生也易不可見則乾坤或近乎生矣謂中孚至復咸至垢也班固釋此經云言與天地為終始也得之矣唐石經作緼

如衣之著也
玉藻曰纊爲襺緼爲袍鄭注曰衣有著之名也趙德
麟曰著謂充以絮
黙而成之
釋文黙而成無之字
右第十二章
音訓自易曰自天祐之至吉无不利也爲第十二章
子曰書不盡言至鼓之舞之以盡神爲第十三章乾
坤其易之緼邪至存乎德行爲第十四章正義自子
曰書不盡言至存乎德行爲第十二章

繫辭而命之命之孟喜作明之

吉凶者貞勝者也

折中曰貞勝者以常為勝天下容有善而遇凶惡而獲吉者然非其常也惠迪吉從逆凶乃理之常故當以常者為勝如天地則以常者觀示日月則以常者照臨偶有変異不足言也天下之動豈不常歸于一理乎

夫乾確然說文確作隺

何以守位曰人本義云曰人之人今本作仁呂氏從古曰人之人坊本從程傳作仁王伯厚曰何以守位曰

人釋文曰桓玄明僧紹作仁今本乃從桓玄誤矣本

義作人

右第一章

第一章與正義音訓同

仰則觀象於天

虞仲翔曰天有八卦之象

俯則觀法於地

九家易曰地有八卦之形

觀鳥獸之文

陸公紀曰謂朱鳥白虎蒼龍玄武四方二十八宿經

緯之文

與地之宜

地宜猶土宜也如周禮大司徒辨五地之物生一曰山林動物宜毛植物宜皂之類王昭素謂天地之宜非也諸本別无天字此昭素謬説易説曰吾聞有地宜未聞有天宜

近取諸身

荀慈明曰乾為首坤為腹震為足巽為股也

遠取諸物

荀慈明曰乾為馬坤為牛震為龍巽為雞之屬是也

以通神明之德

本義説是

以類萬物之情

八卦廣象是也見説卦

王昭素

昭素宋初人居酸棗太祖嘗召令講易譔易論三十三卷具書以注疏異同互相詰難蔽以己意

作結繩而為罔罟罔舊本作网

案釋文音訓及虞仲翔本皆云作結繩而為罟衍网字惟黄頴本有此字後人從之愚謂古罔字作网古

罔字或省作古作結繩為罔古讀者誤并之也

以佃以魚

佃魚釋文一作田魚讀為佃漁案仲翔注云乾二五之坤成離巽為魚坤二稱田是古本作田魚也

斲木為耜說文作耜

斲坊本作斵訛五經文字曰斲經典相承作斵亦訛字也

楺木為耒楺玉篇引作楺在木部唐石經從手

刳木為舟剡木為楫

刳釋文音訓作挎五經文在手部從刂者非釋文

音訓作掞

致遠以利天下疑衍

釋文致遠以利天下一本无此句故本義以為衍文

重門擊柝

音訓柝陸氏曰說文作欜晁氏曰今說文又出㯷字非古本說文也案五經文字作柝與說文後出者略同

掘地為臼

掘俗字春秋傳皆作闕音其月切

不封不樹

虞仲翔說穿土稱封〻古窆字聚土為樹禮記懸棺而封〻康成讀為窆先鄭注周禮遂人云窆謂下棺時禮記謂之封春秋謂之塴皆葬下棺也聲相似說文亦云今讀易者皆作府容切失之

右第二章

第二章與正義同音訓自首節至吉凶生而悔吝著也為第二章

彖者材也爻也者效天下之動者也

卦象合則為彖分則為爻彖說文作㣇兩㣇為𢑚書𢑚禷於上帝今文作肆類周禮全為肆全體為㣇折

爼為肴〻即爻也漢孔彪碑云易建八卦揆肴毄辭希从絺有省爻从肴省彖者材也八卦相值材全而體備爻者效天下之動分卦之材裂彖之體而適險易之变也

右第三章

正義自首節至德之盛也為第三章

右第四章

音訓自首節至立心勿恒為第三章

易曰憧憧往來朋從爾思

王氏應麟曰上繫七爻起於中孚鳴鶴在陰下繫十

一爻起於咸憧〻往來卦氣圖咸至姤凡六日七分
中孚至復亦六日七分

以全身也

李氏心傳曰以全身也諸本作存身朱子從釋文案
音訓曰全身今本作存身

死其將至

李氏心傳曰死其將至諸本作期朱子從釋文董氏
真卿傳義曰其讀爲期音訓曰死其今本作期

故惡積而不可揜揜今本作掩非

是以身安而國家可保也

國家仲翔本作邦家今本避漢諱改

力小而任重

力小石經作力少李鼎祚集解顏師古章懷太子兩漢書注所引皆然今本訛爲小不敢改也王莽傳曰德薄位尊力少任大

鮮不及矣

鮮董氏傳義依釋文作尠音訓同

漢書吉之之間有凶字見楚元王傳

天地絪緼

絪縕說文作壹壼晁氏以此經絪縕爲古文案張有復古編曰壹從壺吉於悉切壼從壺凶於云切吉凶在壺中不得渫也別作氤氳又作細縕並非汗簡曰古周易縕作壼以絪縕爲古文晁失之

右第五章

正義自易曰困于石至立心勿恒爲第四章

於稽其類於一作烏稽如字又音啟見語類

右第六章

第六章與正義同正義爲第五章音訓自首節至其衰世之意邪爲第四章夫易彰往而察來至以明失

得之報為第五章

困德之辨也辨石經集解皆作辯下井以辨義董氏傳義亦作辯

右第七章

第七章與正義音訓同正義音訓皆第六章

為道也屢遷屢俗字當作婁漢書皆然

周流六虛

正義曰六位言虛者位本无體因爻始見故稱虛也

蔡氏淵曰位未有爻曰虛卦雖六位而剛柔爻畫往

來如寄故以虛言

唯變所適

適之也謂之卦也乾坤有旁通六十四卦有適變也

其出入以度外内使知懼

出入爻之適變也外内卦之貞悔也爻象動乎内吉凶見乎外吉凶悔吝生乎動吉一而已故使知懼也

右第八章

第八章與音訓同音訓爲第七章正義自首節至思過半矣爲第七章

則非其中爻不備

洪氏曰中爻者謂二三四與三四五也王氏應麟曰

京氏謂二至四爲互體三至五爲約象語類曰先儒

解此多以為互體互體漢儒多用之左傳中一處說觀卦亦舉得分明卦遇觀之否而云風為天于土上山也二至四有艮象故云山也看來此說亦不可廢

此謂卦中四爻

王輔嗣曰以中爻為二五本義用崔憬說

知者觀其彖辭則思過半矣

折中曰彖辭之繫文王盖統觀六爻以立義者如屯以初為侯蒙以二為師師以二為將比以五為君其義皆先定於彖爻辭不過因之而隨文細别耳

柔之為道不利遠者其要无咎其用柔中也

陰利承陽故不利遠居中應五雖遠而无咎也

右第九章

第九章與音訓同音訓爲第八章正義自二與四同

功而異位至此之謂易之道也爲第八章

兼三才而兩之唐石經及宋元本皆作三材下同

六者非它也坊本它作他

右第十章

第十章與音訓同音訓爲第九章

右第十一章

第十一章與音訓同音訓爲第十章

能研諸侯之慮

音訓諸侯之慮晁氏曰王昭素云剩侯之二字必王輔嗣以後韓康伯以前錯温公曰王輔嗣略例曰能研諸慮則侯之衍字也説之案虞翻亦作諸侯則其謬已久矣

八卦以象告爻彖以情言

八卦以象告象有變動以利言也爻彖以情言占有吉凶以情遷也情之相攻相取相感不相得而吉利凶害悔吝因之天地設位聖人成能易之情即聖人之情也聖人之情見乎辭觀爻彖之情觀爻彖之辭

而可見矣將叛者其辞慙〻者其辭而叛者其情也
下倣此

則凶或害之

語類凶或害之如火殊林占法凶神〻與世不相関
不能為害惟是克世則為害

右第十二章

第十二章與正義音訓同正義為第九章音訓為第
十一章孔氏穎達言繫辭下篇章數諸儒不同劉瓛
為十二章以對上繫十二章也周氏莊氏並為九章

周易本義辯證卷六

東吴惠棟定宇

說卦傳

朱氏震曰易之有說卦猶詩之有詁訓也

兩地

兩當從說文作㒳蔡邕石經作𠄢兩乃斤兩字見漢定陶上林諸鼎

右第一章

第一章至第十章與音訓同

兼三才而兩之

一卦三爻分天地人而天地人又自有陰陽剛柔仁義之分是以兼三才而兩之所以順性命之理也

分陰分陽迭用柔剛

朱氏震曰分陰者六八也分陽者九七也迭用柔剛者互變也

雷風相薄（薄先儒皆音泊附薄也又迫也坊本音傳失之薄無傳音也）

日以晅之（晅許遠切石經注疏皆作烜釋文音訓作晅云今本作烜）

勞乎坎（勞如字或去聲下同見語類）

右第五章

易說曰震春離夏兌秋坎冬爲四正巽東南坤西南

乾西北艮東北爲四交此四正四交以時言之爲四時以象言之爲四象而八卦出於其中不曰時而曰象者八卦以象告也孔子曰易始於太極太極分而爲二故生天地天地有春秋冬夏之節故生四時四時各有陰陽剛柔之分故生八卦其布散用事也震生於東在二月巽散於東南在四月離長於南在五月坤養於西南在六月兑收於西在八月乾制於西北在十月艮終始於東北在十二月八卦之氣終則四正四維之分明生長收藏之道備陰陽之體定神明之德通而萬物各以類成焉然則兩儀爲天地四

象爲四時其説雖未必果出於孔子實本於先漢諸
儒確乎其不可易也

妙萬物而爲言者也

妙王肅本作眇董季直曰眇成也妙本古文眇後人
釋爲微妙義近老莊聖人無此訓也

橈萬物者莫疾乎風

橈坊本作撓非王肅音乃教反

故水火不相逮

音訓水火不相逮今本作水火相逮釋文會通皆有
不字漢書郊祀志所引亦然本義注未濟云水火異

物各居其所故不相逮

右第七章

以下八卦次序以乾坤相索而言故與上章異也

索求也謂揲蓍以求之也

語類震一索而得男一段看來不當專作揲蓍看揲蓍有不作這序時便說不通大概只是乾求扵坤而得震坎艮坤求扵乾而得巽離兌一二三者以畫之次序言也胡氏炳文曰此章本義乃朱子未改正之筆要當以語録為正

荀九家此下有為龍為直為衣為言

經典序録曰荀爽九家集注十卷不知何人所集稱荀爽者以爲主故也其序有荀爽京房馬融鄭元宋衷虞翻陸積姚信翟子元又有張氏朱氏並不詳何人朱氏震曰秦漢之間易亡説卦孝宣時河内女子發老屋得之至後漢荀爽集解又得八卦逸象三十有一愚謂九家各有逸象漢上謂荀慈明一人所得非也

爲龍

虞仲翔本龍作駹云駹蒼色震東方故爲駹舊讀作龍上已爲龍非也

爲旉

虞仲翔本旉作專云陽德在初隱靜未出觸坤故專則乾靜也江叔堅本作專案說文專古布字

爲萑葦

萑音丸石經作蓶五經文字作萑

爲的顙旳俗作的非

其於人也爲寡髮

寡髮釋文云本又作宣虞仲翔作宣云爲白故宣髮馬君以宣爲寡髮非也後鄭注周禮攷工曰頭髮晧落曰宣易巽爲宣髮然則宣爲寡始于季長

爲亟心

荀慈明本亟作極云中也晁氏曰案亟古文

爲乾卦乾石經作乾唐元度九經字樣乾字下曰干虔二音爲字一體今俗分別作者誤也

爲鱉鱉釋文石經皆從此注疏及今本皆作鼈

爲狗

仲翔本狗作拘云指屈信制萬物故爲拘〻舊作狗

上已爲狗字之誤

荀九家有爲鼻爲虎

艮爲虎案經言虎者皆无艮象依虞仲翔注易虎當爲膚字之誤也艮上九丙寅或謂虎寅獸然則乾九二甲寅震六五庚寅坎初六戊寅皆

當有虎象也京君明以坤為虎陸公紀以兌之陽爻稱虎二卦獨與寅何也

為羊

仲翔本羊作羔云羔女使作羊非康成本又作陽云此陽謂養无家女行賃炊爨今時有之賤於妾也

右第十一章

音訓一卦為一章合前十章為十八章

序卦傳

古人一書皆有序易序卦詩小序書百篇序周禮序官皆序也儀禮非全書禮記漢人所綴集故皆无序

康成作錄一卷以補其逸周書序附于卷後缺而不知周禮序官也余見宋本如此

新刻輙移其次詩書序亦然後人乃分載各篇之首程子亦以此序載六十四卦之前其序或間出于經師往往異同各出毛詩序子夏所作而韓詩別有序見文選注說韓詩者亦謂其序為子夏作見晁氏嵩山集易有序卦唐一行易纂引孟喜序卦又與今本不同見蓺文攷證蓋當時經師授受各有源流也

故受之以履

音訓故受之之以履晁氏曰案王輔嗣略例所引下有履者禮也一句誤入註中愚案尒疋釋言云履禮也郭璞云禮可以履行見易晁氏說是

晁氏云鄭无而泰二字

鄭康成注周易九卷馮厚齋曰崇文總目止有一卷唯文言說序雜合四篇餘皆逸指趣淵確本去聖人之未遠也中興亡亡

有无妄然後可畜

鄭氏本云有无妄物然後可畜

有夫婦然後有父子有父子然後有君臣

王昭素謂序卦云離者麗也麗必有所感故受之以咸咸者感也凡十四字晁以道取此三句增入正文謂後人妄有上下經之辨愚案荀子大略篇曰易之

咸見夫婦夫婦之道不可不正也君臣父子之本也
荀據序卦而言則男女夫婦之説指咸卦明矣增此
三句不已贅乎
有上下然後禮義有所錯
語類云錯只作措字謂禮義有所施設耳
傷於外者必反其家
必反其家唐石經及李氏集解皆云必反於家
決必有遇
石經宋本及李氏集解皆如此俗本作有所遇非
雜卦傳

熊氏朋來曰襍卦襍從衣集聲俗作雜案熊說本九經字樣

虞仲翔曰雜卦者雜六十四卦以為義其於序卦之外別言也

損益盛衰之始也

余氏芑舒曰損益盛衰之始泰否之变也

謙輕而豫怠也

怠古音怡與來韻來音釐故虞仲翔作怡張衡東京賦怠與裁韻柏梁詩怠與時韻曹朔漢敬隱后頌怠與基韻見匡謬正俗皆讀為怡顏師古音苔非是

賁无色也

色謂五色賁色雜非白非黑故云无色

盡則餙也

唐石經曰盡則餙也鄭王肅本同案餙古文勑餙與勑同

晉晝也明夷誅也

頋氏炎武曰晉晝也晝日三接故曰晝明夷誅也得

其大首故曰誅誅不義從虞仲翔說訓為傷

豐多故親寡旅也

豐多故坊本下有也字非董氏真卿曰朱子本義多

從古古文如故下无也之類愚案釋文音訓皆无也字

胡雲峰本亦然

大過顛也

康成注曰自此以下卦音不協似錯亂失正弗敢改耳愚案先儒謹慎如此後世蘇氏蔡氏之徒擅移雜卦之文豈聖人闕疑之旨哉

姤遇也

唐石經云遘遇也五經文字同薛虞于姤卦注云姤古文作遘今遘卦已作姤此亦改從俗詳見下經唯唐石經猶仍舊觀

歸妹女之終也

陸公紀曰兊歸魂配六十四卦之終也

小人道憂也憂鄭本作消

易漢學

〔清〕惠棟 撰

據上海圖書館藏鈔本影印。

提要

《易漢學》七卷，清惠棟撰。

惠棟生平，參見《周易本義辨證》提要。

惠棟序云『六經定于孔子，毁于秦，傳于漢，漢學之亡久矣』，而『漢學雖亡，而未盡亡也』，于是采輯遺聞，鈎稽考證，追考漢儒《易》學，掇拾其餘緒，陳述其要例，撰成此書，以考辨《易》之流派，使學者得略見漢儒之門徑，開清儒研治漢學之先河。書中卷一、二爲孟喜《易》，卷三爲虞翻《易》，卷四、五爲京房《易》附干寶、鄭玄《易》，卷六爲荀爽《易》，卷七考辨河圖洛書、先天後天、兩儀四象及太極圖，排宋圖學而獨尊漢學。

惠棟《周易本義辨證》卷一『漢易考』三字朱筆改爲『易漢學』，卷二稿本朱筆注：『愚近撰《易述》以中行屬初，異於前説矣。』可見《易漢學》初名《漢易考》，《周易述》初名《易述》，與《周易本義辨證》爲同時撰。

本次影印以上海圖書館藏鈔本爲底本，原書高二十九・五厘米，廣十五・五厘米。此鈔本據惠棟《易漢學自序》稱『成書七卷』，今傳《四庫全書》本、《皇清經解續編》本等爲八卷，其第六卷係從鈔本第五卷中析出。此鈔本並有『揆初』印及葉景葵識語，可知爲一九三五年張庾樓所贈之書。

乙亥九月玉坡都張庚樓兄以此冊見惠

易漢學自序

六經定于孔子燬于秦傳于漢漢學之亡久矣獨詩禮公羊猶存毛鄭何三家春秋為杜氏所亂尚書為僞孔氏所亂易經為王氏所亂杜氏雖有更定大較同于賈服僞孔氏則雜采馬王之說漢學雖亡而未盡亡也惟王輔嗣以假象說易根本黃老而漢經師之義蕩然無復有存者矣故宋人趙紫芝有詩云輔嗣易行無漢學元暉詩變有唐風盖實錄也棟曾王父樸菴先生嘗閔漢易之不存也取李氏易解所載者參衆說而為之傳天崇之際遭亂散佚以其說口授王父王父授之先君先君于是成易說六卷又嘗欲别撰漢經師說易之源流而未暇也棟

趨庭之際習聞餘論左右采獲成書七卷自孟長卿以下五家之易異流同源其説略備嗚呼先君無禄即世三年矣以棟之不才何敢輒議著述然以四世之學上承先漢存什一于千百庶後之思漢學者猶知取證且使吾子孫無忘舊業云是為序

易漢學卷一

東吴　惠　棟　定宇

孟長卿易上

卦氣圖說

孟氏卦氣圖以坎離震兑爲四正卦餘六十卦卦主六日七分合周天之數内辟卦十二謂之消息卦乾盈爲息坤虚爲消其實乾坤十二畫也繫辭云乾之策二百一十有六坤之策一百四十有四凡三百有六十當期之日夫以二卦之策當一期之數則知二卦之爻周一歲之用矣四卦主四時爻主二十四氣十二卦主十二辰爻主七十二候六十卦主六日七分爻主三

百六十五日四分日之一。辟卦為君。雜卦為臣。四正為方伯。二至。二分。寒。温。風。雨。總以應卦為節。是以周易參同契曰：君子居室。順陰陽節。藏器俟時。勿違卦月。謹候日辰。審察消息。纖芥不正。悔吝為賊。二至改度。乖錯委曲。隆冬大暑。盛夏霜雪。二分縱橫。不應漏刻。水旱相伐。風雨不節。蝗蟲湧沸。羣異旁出。此言卦氣不効。則分至寒温皆失其度也。（春秋命歷序曰：元氣正則天地八卦孳也。）漢書谷永對策曰：王者躬行道德。則卦氣理效。五徵時序。（兼洪範五行言。）失道妄行。則卦氣悖亂。咎徵著郵。後漢張衡上疏。亦言律歷卦候數有徵效。郎顗七事云。（今春當旱。夏必有水。以六日七分候之可知。）樊毅修華嶽碑云：風雨應卦。瀸潤萬物。是漢儒皆用卦氣為占驗。宋元以來。漢學日就滅亡。幾不知卦氣為何物矣。余既列二圖于後。兼采先儒諸說。以為左證焉。

六日七分圖

小寒
大寒
立春
雨水
驚蟄
春分
清明
穀雨
立夏
小滿
丑
寅
卯
辰
巳
午
震

魏正光歷、推四正卦術曰、十一月未濟蹇頤中孚復。十二月屯謙睽升臨。正月小過蒙益漸泰。二月需隨晋解大壯。三月豫訟蠱革夬。四月旅師比小畜乾。五月大有家人井咸姤。六月鼎豐渙履遯。七月恒節同人損否。八月巽萃大畜賁觀。九月歸妹无妄明夷困剥。十月艮既濟噬嗑大過坤。又云、四正為方伯。中孚為三公。復為天子。屯為諸侯。謙為大夫。睽為九卿。升還從三公。周而復始。

易緯稽覽圖曰、甲。子。卦。氣。起。中孚。六日。八十分日之七。鄭康成注云、六以候也。八十分為一日。日之七者。一卦六日七分也。

易緯是類謀曰、冬至日在坎。春分日在震。夏至日在離。秋分日在兌。四正之卦。卦有六爻。爻主一氣。共主二十四氣。餘六十卦。卦主六日七分。八十分日之七。歲有十二月。三百六十五日四分日之一。六十而一周。

唐一行六卦議曰、十二月卦。出於孟氏章句。其說易本于氣、易乾鑿度曰太易者。未見氣也。太初者。氣之始也。康成注云。太易之始。漠然無氣可見者。太初之氣。寒溫始生也。乾鑿度又云。易變而為一。注云、一主北方。氣漸生之始。此則太初之氣所生也。孟喜弟子趙賓說易箕子之明夷。謂陰陽氣无箕子。箕子當作荄滋。而後以人事明之。京氏又以卦爻配朞。坎、離、震、兌。其用事自分至之首。皆得八十分日之七十三。頤、晉、井、大畜、四卦皆在分至之首。皆五日十四分。四卦共少二百九十二分。餘皆六日七分。自乾象歷以降。皆因京氏。惟天保歷依易通統軌圖。自八十有二節。五卦初爻相次用事。

及上爻與中氣皆終。非京氏本旨。及七略所傳。按郎顗所傳皆六日七分。不以初爻相次用事。齊歷謬矣。易爻當日。十有二中直全卦之初。十有二節直全卦之中。齊歷又以節在貞。氣在悔。非是。

復卦經云、七日來復。康成注曰。建戌之月。以陽氣既盡。建亥之月。純陰用事。至建子之月。陽氣始生。隔此純陰一卦。卦主六日七分。舉其成數言之。而云七日來復。孔穎達曰、案易緯云、卦氣起中孚。故離、坎、震、兌、各主其一方。其餘六十卦。卦有六爻。爻別主一日。凡主三百六十日。餘有五日四分日之一者。每日分為八十分。五日分為四百分。四分日之一。又分為二十分。是四百二十分。六十卦分之。六七四十二。卦別各得七分。是每卦六日七分也。李鼎祚曰。案易軌。一歲十二月三百六十五日四分日之一。以坎、震、離、兌、四方正卦。卦別六爻。爻主一氣。其餘六十卦。三百六十爻。爻主一日。當周天之數。餘五日四分日之一。以通閏餘者。剝卦陽氣盡于九月之終。至十月末。純坤用事。坤卦將盡。則復陽來。隔坤之一卦六爻為六日。復來成震。一陽爻生為七日。故言反復其道。七日來復。是其義也。

繫辭上曰、旁行而不流。九家易曰、旁行周合六十四卦。月主五。卦、爻主一日、歲既周而復始。

周易折中啟蒙附論曰日月之法不同而其餘分皆七故漢儒

卦氣每卦直六日尚餘七分古今歷法一章之内有七閏月者法由兹起也又曰每卦直六日七分者日以八十分爲法也盖歲數三百六十五日四分日之一四乘而三除之爲四百八十七故四百八十七者歲策也每卦直六日六八四十八得四百八十分又餘七分歲策之根也積六十卦直三百六十日餘分之積共四百二十分以日法除之爲五日四分日之一

卦氣七十二候圖

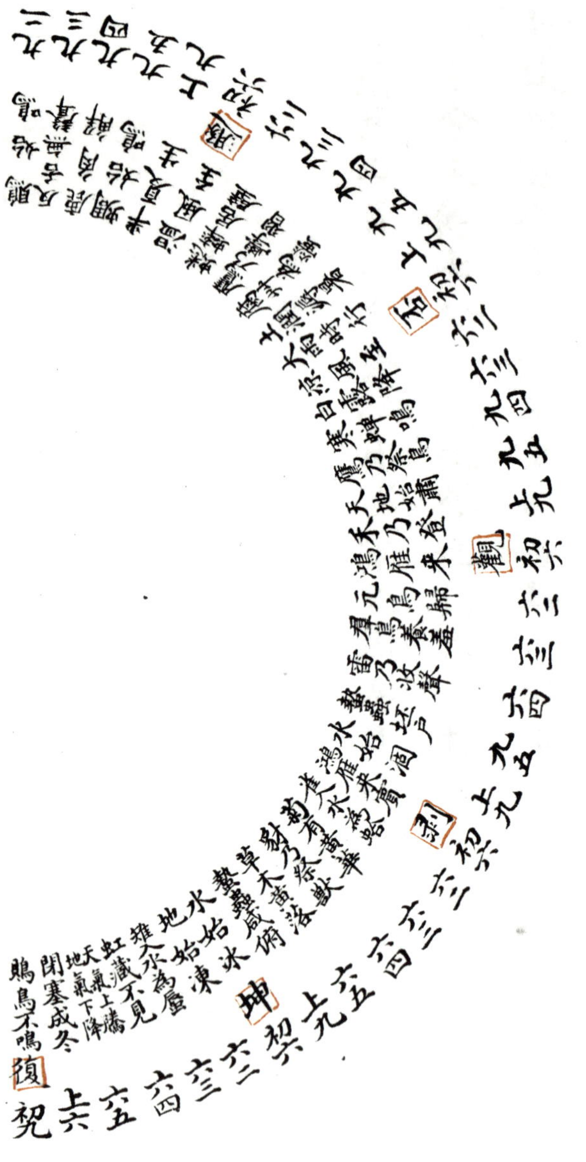

臨
泰
大壯
夬
乾
虎始交
荔挺出
蚯蚓結
麋角解
水泉動
雁北鄉
鵲始巢
雉始雊
雞始乳
征鳥厲疾
水澤腹堅
東風解凍
蟄蟲始振
魚上冰
獺祭魚
鴻雁來
草木萌動
桃始華
倉庚鳴
鷹化爲鳩
玄鳥至
雷乃發聲
始電

右李漑所傳卦氣圖也。其說原于易緯。素問曰、五日謂之侯。三侯謂之氣。六氣謂之時。四時謂之歲。乾鑿度曰、天氣三微而成一著。三著而成一體。康成注云、五日為一微。十五日為一著。故五日有一侯。十五日成一氣。康成又云、每一卦生三氣。則各得十五日。十二卦卦各六爻。爻主一侯。而一歲之運周焉。案御覽載易緯通卦驗（九百六十七卷九百四十四卷）曰、驚蟄大壯初九侯桃始華。不華倉庫多火。今圖與之合。又曰、始上九侯蟬始鳴。不鳴國多妖言。案圖始九五蜩始鳴。（蜩蝉同）上九半夏生。遲一侯者。朱子發震云。易通卦驗易家傳先師之言。所記氣侯比之時訓晚者二十有四。早者三。今圖依時訓。故異也。困學紀聞曰、月令仲冬虎始交。通卦驗云小寒。季冬鵲始巢。詩推度災云復之日。雉雊雞乳。通卦驗云立春皆以節有早晚也。

消息

剥彖傳曰君子尚消息盈虛。天行也。

豐彖傳曰、日中則昃。月盈則食。天地盈虛。與時消息。

臨彖傳曰、至于八月有凶。消不久也。

左傳正義易曰、伏犧作十言之教。曰、乾、坤、震、巽、坎、離、艮、兌、消、息。

繫辭上曰、變化者。進退之象也。荀爽曰、春夏為變。秋冬為化。息卦。為進。消卦。為退也。

說卦曰。數往者順。知来者逆。仲翔曰、坤消從午至亥。上下。故順也。乾息從子至巳。下上。故逆也。

九家易注泰卦曰陽息而升陽消而降陽稱息者長也起復成巽萬物盛長也陰言消者起姤終乾萬物成熟熟則給用給用則分散故陰用特言消也

易緯乾鑿度曰聖人因陰陽起消息立乾坤以統天地又云消息卦純者為帝不純者為王

史記歷書太史公曰皇帝考定星歷建立五行起消息注皇侃曰乾者陽生為息坤者陰死為消也

漢書京房上封事曰辛酉以來少陰倍力而乘消息孟康曰房以息卦為辟辟君也消卦曰太陰息卦曰太陽其餘卦曰少陰少陽為臣下也

後漢書、陳忠上疏曰、頃季夏大暑。而消息不協。寒氣錯時。水漏為變。天之降異。必有其故。所舉有道之士。可策問國典所務。王事過差。令處煖氣不效之意。庶有讜言。以承天誡。

四正

說卦曰、震。東方也。離也者。南方之卦也。兌。正秋也。坎者。正北方之卦也。

案震、離、兌、坎、陰陽各六爻。荀爽以為乾六爻皆陽。陽爻九。四九三十六。合四時。坤六爻皆陰。陰爻六。四六二十四。合二十四氣。蓋四正者。乾坤之用。翟玄注文言云乾坤有消息。從四時來也。

繫辭上曰、兩儀生四象。仲翔曰、四象。四時也。兩儀。謂乾坤也。乾二五之坤。成坎離震兌。震春。兌秋。坎冬。離夏。故兩儀生四象。孟氏章句曰、坎、離、震、兌、二十四氣。次主一爻。其初則二至二分也。坎以陰包陽。故自北正。微陽動於下。升而未達。極於二月。凝沍之氣消。坎運終焉。春分出於震。始據萬物之元。為主於內。則羣陰化而從之。極于南正。而豐大之變窮。震功究焉。離以陽包陰。故自南正。微陰生于地下。積而未章。至于八月。文明之質衰。離運終焉。仲秋陰形于兌。始循萬物之末。為主於內。羣陽降而承之。極于北正。而天澤之施窮。兌功究焉。故陽七之靜始於坎。陽九之動始于震。陰八之靜始于離。陰六之動始于兌。故四象

之變。皆兼六爻。而中節之應備矣。一行六卦議

易緯是類謀曰。冬至日在坎。春分日在震。夏至日在離。秋分日在兌。四正之卦。卦有六爻。爻主一氣。

康成注通卦驗曰。冬至坎始用事。而主六氣。初六爻也。小寒於坎直九二。大寒於坎直六三。立春於坎直六四。雨水於坎直九五。驚蟄於坎直上六。春分於震直初九。清明於震直六二。穀雨於震直六三。立夏於震直九四。小滿於震直六五。芒種於震直上六。夏至於離直初九。小暑於離直六二。大暑於離直九三。立秋於離直九四。處暑於離直六五。白露於離直上九。秋分於兌直初九。寒露於兌直九二。霜降於兌直六三。立冬於兌直九四。

小雪於兑直九五。大雪於兑直上六。
孟康漢書注曰、分卦直日之法。一爻主一日。六十四為三百六十日。餘四卦。震、離、兑、坎、為。方。伯。監司之官。所以用震離兑坎者。是二至二分用事之日。又是四時各專王之氣。各卦主時。其占法。各以其日觀其善惡也。
魏正光歷曰、四正為方伯。薛瓚注漢書曰。京。房。謂。方。伯。卦。震。兑。坎。離。也。京氏易傳曰。方伯分威。厥妖馬生子亡。
易緯乾鑿度曰、四維正紀。經緯仲序度畢矣。康成云、四維正四時之紀。則坎。離。為。經、震。兑。為。緯。此四正之卦。為四仲之次序也。
京氏易傳曰、賦斂不理。茲謂禍。厥。風。絶。經。緯。四時不正也。又云、大經在辟而易臣。茲謂陰動。坎離為經。位方伯。故云大經。辟、辟卦也。大經在辟。謂方伯擬君。易其臣道也。

又云、大經搖政。茲謂不陰。不陰不臣也。

漢書魏相奏曰、東方之卦。不可以治西方。南方之卦。不可以治北方。春興兌治則饑。秋興震治則華。冬興離治則泄。夏興坎治則雹。

十二消息

易繫辭曰、變通配四時。仲翔曰、變通趣時。謂十二月消息也。泰大壯夬配春。乾姤遯配夏。否觀剝配秋。坤復臨配冬。謂十二月消息相變通。而周於四時也。

又云、剛柔相推。變在其中矣。仲翔曰、謂十二消息。九六相變。剛柔相推而生變化。故變在其中矣。

又曰、往来不窮謂之通。荀爽曰、謂一冬一夏。陰陽相變易也。十二消息。陰陽往来無窮已。故通也。

又曰、寒往則暑来。暑往則寒来。仲翔曰、乾為寒。坤為暑。謂陰息陽消。從姤至復。故寒往暑来也。陰詘陽信。從復至泰。故暑往寒来也。

又曰、範圍天地之化而不過。九家易曰、範者法也。圍者周也。言乾。坤。消。息。法。周。天。地。而。不。過。於。十。二。辰。也。辰。日月所會之宿。謂諏訾、降婁、大梁、實沈、鶉首、鶉火、鶉尾、壽星、大火、析木、星紀、玄枵之屬、是也。諏訾以下。謂自寅至丑。自泰至臨也。

干寶注乾六爻曰。陽在初九。十一月之時。自復來也。初九甲子。乾納甲天正之位。而乾元所始也。陽在九二。十二月之時。自臨來也。陽在九三。正月之時。自泰來也。陽氣在四。二月之時。自大壯來也。陽在九五。三月之時。自夬來也。陽在上九。四月之時也。四月於消息為乾

又注坤六爻曰。陰氣在初。五月之時。自姤來也。陰氣在二。六月之時。自遯來也。陰氣在三。七月之時。自否來也。陰氣在四。八月之時。自觀來也。陰氣在五。九月之時。自剝來也。陰在上六。十月之時也。十月於消息為坤

康成注乾鑿度曰。消。息。於。雜。卦。為。尊。每。月。者。譬。一。卦。而。位。屬。焉。各有所繫。案每月譬一卦者。如乾之初九屬復。坤之初六

屬始是也。臨觀以下倣此。

春秋緯樂緯曰、夏以十三月為正。息卦受泰。物之始。其色尚黑。以寅為朔。殷以十二月為正。息卦受臨。物之牙。其色尚白。以雞鳴為朔。周以十一月為正。息卦受復。其色尚赤。以夜半為朔。此。後漢陳寵所謂三微成著、以通三統也、康成謂十日為微。一月為著。三微成著。一爻也。三著成體。乃泰卦也。

易緯乾鑿度曰、孔子曰、復表日角。臨表龍顏。泰表載（與戴同）干。大壯表握訴龍角大辰。（古脣字）夬表升骨履文。姤表耳參漏足履王知多權。遯表日角連理。否表二好文。（坤為文故好文）觀表出準虎。剥表重童。（與瞳同）明歷元。

案十二消息皆辟卦。故舉帝王之表以明之。

周易參同契曰、朔旦為復。初九、晦至朔旦。震來受符。陽氣始通。出入无疾。仲翔云、謂出震成乾。入巽成坤。坎為疾。十二消息不見坎象。故出入无疾。立表微剛。黃鐘建子。韋昭曰、十一月黃鐘乾初九也。康成曰、黃鐘。子之氣也。十一月建焉。兆乃滋張。播施柔暖。黎蒸得常。臨爐施條。九二開路正光。光耀漸近。日以益長。丑之大呂。康成曰、大呂丑之氣也。十二月建。結正低昂。仰以成泰。九三剛柔並隆。陰陽交接。小往大來。仲翔曰、坤陰詘外為小往。乾陽信內為大來。輻輳於寅。運而趣時。漸歷大壯。九四俠列夘門。春分為丣。丣為開門。榆莢墮落。還歸本根。二月榆落。魁臨於丣。翼奉風角曰。木落歸本。刑德相負。建緯丣丣。刑德並會。相見歡喜。晝夜始分。夫陰以退。陽升而前。洗濯羽翮。九五飛龍。振索宿塵。乾健盛明。廣被四鄰。陽終於巳。上巳中而相干。姤始紀序。初六履霜最先。井底寒泉。巽初六與乾初九為飛伏。乾為冰也。午為蕤賔。康成曰、蕤賔午之氣也。五月建焉。賔服於陰。陰為主人。遯去世位。六二遯乾二世。收斂其精。懷德俟時。陸績曰、遯俟時也。栖遲昧冥。否塞不通。六三萌者不生。陰伸陽屈。沒陽姓名。觀其權量。六四察仲秋情。任畜徵稚。老枯復榮。薺麥芽蘖。因冒以生。八月麥生。天罡據酉。詩緯推度災曰、陽本為雄。陰本為雌。物本為魂。雄生八月仲節。號曰太初。行三節。宋均注曰、本即原也。變陰陽為雌雄魂也。節猶氣也。太初者。氣之始也。必知生八月仲者。據此時麥薺生。以為驗也。陽生物行三節者。須雌俱行物也。剝爛肢體。六五雜卦曰、剝爛也。初足二辯四膚。指間稱辯。辯上稱膚。皆屬肢體。消滅其形。消艮入坤。化氣既竭。秋冬為化。亡失至神。乾為神。道窮則返。歸乎坤元。坤元即乾元。月令、孟春曰、是月也。天氣下降。地氣上騰。正義曰、天地之氣。謂之陰陽。一年之中。或升或降。故聖人作象各分為六爻。以象十二月。陽氣之升。從十一月為始。至四月六陽皆升。六陰皆伏。至五月。一陰初升。至十月六陰盡升。六陽盡伏。今正月云。天氣下降。地氣上騰者。陽氣五月之時為陰從下起上嚮排陽。至十月之時。六陽退盡。皆伏於下。至十一月。陽之一爻。始動地中。至十二月。陽漸升。陽尚微。未能生物之極。正月三陽既上。成為乾卦。乾體在下。三陰為坤。坤體在上。是陽氣五月初降。至正月為天體而在坤下也。十一月一陽初生而上排陰。至四月陰爻伏盡。六陽在上。五月一陰生。六月二陰生。陰氣尚微。成物未具。七月三陰生而成坤體。坤體在下。三陽為乾。而體在上。所以十月云。

地氣下降。天氣上騰。劉洽、汜閣、皇侃之徒。既不審知其理。又不能定其旨趣。諠諠。撓撓。亦無取焉。

辟卦雜卦

易緯乾鑿度曰歲三百六十五日四分日之一。以卦用事。一卦六爻。爻一日。凡六日。七分歸閏。初用事之日。天王諸侯也。二日。大夫也。三日。卿也。四日。三公也。五日。辟也。六日。宗廟。爻辭善則善。凶則凶。康成注云、辟。天子也。天王諸侯者。言諸侯受其吉凶者。唯天子而已。

案易緯此說。與齊天保歷合。所謂五卦初爻相次用事也。其云六日宗廟未詳。豈一卦六爻。備有此六者耶。卦氣五位以公辟侯大夫卿周還用事。此始侯者。從月數也。

魏正光歷卦曰。四正為方伯。中孚為三公。復為天子。屯為諸侯。謙為大夫。睽為九卿。升還從三公。周而復始。

京房上封事曰。迺辛巳。蒙氣復乘卦。太陽侵色。張晏曰。晉卦。解卦。也。太陽侵色。謂大壯也。

案大壯。辟卦也。乾九四用事。故云太陽。晉解。雜卦也。皆主二月。晉九卿也解三公也皆雜卦太陽侵色雜卦干消息也

又曰。辛酉以來。少陰倍力而乘消息。孟康曰。房以消息卦為辟。辟君也。消卦曰太陰。姤遯否觀剝坤息卦曰太陽。復臨泰大壯夬乾其餘卦曰少陰少陽。為臣下也。并力雜卦。氣干消息也。

後漢書、朱穆奏記梁冀曰、今年九月。天氣鬱冒。五位。四候。連失正氣。

案五位。謂公辟侯大夫卿。四候。四正也。

易緯稽覽圖曰非太平而雜卦以其度放□辰則□□□原註雜卦九三上六決溫九三上九微溫六三上九決寒六□消息及四三上六微寒六日七分中一辰效則可□□□時卦當盡其日盡六日七分日時七十二分也太平□□□太陰用事謂從否至臨而少陽卦當効時至□□□□一時非太平以其卦分効則可六日□□□分數□□□□□□至立効也太陽用事謂從泰至遯少陰卦效六□□□□□乾位北然息之卦當勝雜卦也六日八十分日之七八十分為一日之七者從卦六日七分從得一卦一四時卦□□□□□謂四正卦

坎離震兌四聿方伯之卦坎常以冬至日始効復生坎七日消息及雜卦傳相去各如中孚卦上有陰百二十日爲雨剥陰氣也七十三分而從得一卦上達賈霜以降乾元序制記坎初六冬至廣莫風云云玉海

易漢學卷二

東吳　惠　棟　定宇

孟長卿易下

推卦用事日

劉洪乾象歷、推卦用事日曰、因冬至大餘倍其小餘。坎用事日也。如小餘千七十五。滿乾法。從大餘。中孚用事日也。求坎卦各加大餘六。小餘百三。其四正各因其中日。而倍其小餘。

魏書律歷志、推四正卦術曰、因冬至大小餘。即坎卦用事日。春分即震卦用事日。夏至即離卦用事日。秋分即兌卦用事日。求中孚卦。加冬至小餘五千五百三十小分九微分。一微分滿五從小分。小分滿氣法從小餘。小餘滿蔀法從大餘。命以紀算外即中孚卦用事日。其解加震。咸加離。賁加兌。亦如中孚加坎。求次卦加坎。大餘六。小餘五千五百二十九。新曆云、一千四百七十三。小分十四微分。滿五從小分。小分滿氣法。新曆云、小分法。滿從小餘。小餘滿蔀法從大餘。命以紀算外即復卦用事日。大壯加震。姤加離。觀加兌。如中孚加坎。當云如復加坎。

六十卦用事之月

十一月未濟蹇頤中孚復

頤卦初六曰、舍爾靈龜。半農先生易說曰、頤有龜象。內陰外陽。陽象甲。陰象體。而初在下。象伏龜。伏龜者。靈龜也。龜能食氣。食氣者神明而壽。故稱靈頤。十一月之卦。其位在北。龜為元武。蟄伏之時。初陽在下。象之。

易繫辭曰、言行。君子之所以動天地也。仲翔曰、巽四以風動天。震初以雷動地。二變成益故云震初中孚十一月、雷動地中。

案冬至之卦。復也。其實起于中孚七日而後復應。故揚子雲太元準以為中。中為六十四卦之首。易緯稽覽圖亦云甲子卦氣起中孚也。

孟僖易章句曰、自冬至初。中孚用事、一月之策九六七八。是為三十。而卦以地六。候以天五。五六相乘。消息一變。十有二變而歲復初。一行六卦議

後漢書魯恭上疏曰易十一月君子以議獄緩死注云易中孚象詞也稽覽圖中孚十一月卦也

王伯厚困學紀聞曰上繫七爻起於中孚鳴鶴在陰下繫十一爻起于咸憧憧往來卦氣圖自復至咸八十八陽九十二陰自姤至中孚八十八陰九十二陽咸至姤凡六日七分中孚至復亦六日七分陰陽自然之數也

馬季長易乾初九注曰初九建子之月陽氣始動於黃泉故云潛龍王伯厚曰歷元始於冬至卦氣起於中孚豳詩於十月曰為改歲周以十一月為正蓋本此

復彖曰復其見天地之心乎荀爽曰復者冬至之卦陽起初九為天地心萬物所始吉凶之先故曰見天地之心

十二月屯　謙睽升臨　屯內卦主冬至十一月外卦主小寒十二月節

易屯彖曰。屯。剛柔始交而難生。崔憬注云。十。二。月。陽。始。浸。長。而。交。於。陰。故曰剛柔始交。萬物萌芽。生於地中。有寒冰之難。故言難生。說文曰。屯。難也。象艸木之初生。屯然而難。从屮貫一。一。地也。尾曲。

屯象曰。雲雷屯。九家易曰。雷雨者。興養萬物。今言屯者。十。二。月。雷。伏。藏。地。中。未得動出。雖有雲雨。非時長育。故言屯也。

易緯稽覽圖曰。屯。十。一。月。內卦。神人從中山出。趙地動。北方三十日。千里馬數至。隋王劭釋云。屯十一月神人從中山出者。此外動而大亨作。趙地動者。中山為趙地。千里馬者。屯卦震下坎上。震於馬為作足。坎於馬為美脊。馬行先作弄四足也。北史易緯乾鑿度、孔子曰、昇者十二月之卦也。陽氣升上。陰氣欲承。萬物始進。

復象曰、七日来復。李玫注云、七日者。非坤之七日。坤爲十月卦。卦氣起中孚太元中首見之。中孚十一月六日七分之後復卦用事。復七日六分之後屯卦用事。它皆倣此。七日六分未詳似仍當作六日七分抑或別有據也

唐一行七日度議曰、國語曰、農祥晨正。日月底於天廟。土乃脉發。先時九日。太史告稷曰。自今至于初吉。陽氣俱蒸。土膏其動。弗震不渝。脉其滿眚。穀乃不殖。周初先立春九日。日至營室。古曆距中九十一度。是日晨初大火正中。故曰農祥晨正。日月底

于天廟也於易象升氣究而臨受之自冬至後七日乾精始復（七日中孚一卦）乃大寒地統之中陽洽於萬物根柢而與萌芽俱升木在地中之象（升坤上巽下）升氣已達則當推而大之故受之以臨（臨者大也）於消息龍德在田（九二乾臨同物）得地道之和澤而動於地中升陽憤盈土氣震發故曰自今至於初吉陽氣初蒸土膏其動又先立春三日而小過用事（小過內卦）陽好節止于內動作于外矯而過正然後返求中焉是以及于艮維（小過內卦艮）則山澤通氣陽精闢户甲坼之萌見而莩穀之際離故曰不震不渝脉其滿青穀乃不殖（新唐書志）

易臨卦經曰至于八月有凶康成曰臨卦斗建丑而用事殷之

正月也。當文王之時。紂為无道。故於是卦為殷家著興衰之戒。以見周改殷正之數云。臨自周二月用事。訖其七月。至八月而遯卦受之。此終而復始。王命然矣。

易緯乾鑿度曰、易曰、知臨大君之宜。吉。臨者大也。陽氣在內。中和之盛。應于盛位。浸大之化。行于萬民。故言宜。

正月小過蒙益漸泰小過內卦主大寒十二月外卦主立春正月節

易緯乾鑿度曰、中孚為陽。貞於十一月子。小過為陰。貞於六月未。法於乾坤。康成曰、中孚貞於十一月子。小過正月之卦也。宜貞於寅。而貞於六月。非其次。故言象法乾坤。

項安世周易玩辭曰、小過。寅之初氣也。斗方直艮。而震氣上出。疑於過矣。然去邪不遠。亦未為大過也。

易緯乾鑿度曰、乾、陽也。坤、陰也。並如而交錯行。乾貞於十一月子。左行陽時六。坤貞於六月未。右行陰時六。以奉順成其歲。歲終次從於屯蒙。屯蒙主歲。屯為陽。貞於十二月丑。其爻左行。以閒時而治六辰。蒙為陰。貞於正月寅。其爻右行。亦閒時而治六辰。歲終則從其次卦。（次卦謂需訟）

此言主歲卦也。參同契曰、屯以子申。蒙用寅戌。餘六十卦。各自有日。謂需訟以下也。又曰、朔旦屯直事。至暮蒙當受。晝夜各一卦。用之依次序。（晝夜各一卦。六十卦止得一百八十日。春夏據內體。秋冬當外用。一卦內外分之。周一歲之數也。）當時本有各卦主歲之圖。而屯蒙不貞丑寅。故康

成屯蒙之貞違經失義是也乾坤以下兩卦主一歲後人不知造為反對非古法也
干寶蒙卦注曰蒙於消息為正月卦也正月之時陽氣上達故
屯為物之始生蒙為物之穉也
易緯乾鑿度孔子曰益之六二或益之十朋之龜弗克違永貞
吉王用享于帝吉益者正月之卦也天氣下施萬物皆益王用
亨于帝者言祭天也三王之郊一用夏正天氣三微而成一著
三著而成一體方知此之時天地交萬物通故泰益之卦皆夏
之正也此四時之正不易之道也康成注曰五日為一微十五
日為一著故五日有一候十五日成一氣也冬至陽始生積十
五日至小寒為一著至大寒為二著至立春為三著凡四十五

日而成一節故曰三著而成體也正月則泰卦用事故曰成體而郊也

蔡邕明堂月令論曰易正月之卦曰泰其經曰王用享于帝吉孟春令曰乃擇元日祈穀于上帝顓頊曆衡（疑作術）曰天元正月己巳朔日立春日月俱起於泰建宮室制度月令孟春之月日在營室易曰不利為寇利用禦寇令曰兵戎不起不可從我始

案蔡氏此論證易與月令合也詩匏有苦葉云士如歸妻迨冰未泮箋云冰未散正月中以前也易漸卦云女歸吉漸正月卦正與詩合

二月需隨晉解大壯（需內卦主雨水正月　外卦主驚蟄二月節）

易緯乾鑿度孔子曰隨上六拘繫之乃從維之王用亨于西山
隨者二月之卦隨德施行藩決難解萬物隨陽而出故上六欲
待九五拘繫之維持之明被陽化而陰欲隨之也康成云大壯
九三爻主正月陰氣猶在故羝羊觸藩而羸其角也至于九四
主二月故藩決不勝羸也言二月之時陽氣已壯施生萬物而
陰氣漸微不能為難以障閉陽氣故曰藩決難解也
大壯九三主正月未詳案齊天保歷以卦之貞悔分節氣豈
九三在貞為正月中九四在悔為二月節歟
易解彖曰解險以動動而免乎險解仲翔云險坎動震解二月
雷以動之雨以潤之物咸孚甲萬物生震震出險上故免乎險

也。

漢書京房傳曰、房以建昭三年二月朔。拜上封事曰。迺辛巳。蒙氣復乘卦。太陽侵色。張晏曰、晉。卦。解。卦也。太陽侵色。謂大。壯。也。案晉。九卿也。解。三公也。皆雜卦。大。壯。辟也。太陽侵色。雜卦干消息也。

郎顗七事曰、孔子曰、雷之始發大壯始。春秋傳曰、雷乘乾曰大壯。大衍歷經、春分辟大壯。雷乃發聲。郭璞注穆天子傳、引歸藏易曰、豐隆筮御雲、得大壯卦。遂為雲師也。君。弱。臣。彊。從。解。起。大壯辟為君。解三公為臣。今月九日至十四日。一爻。大壯用事。消息之卦也。消息即辟卦。於此六日之中。雷當發聲。發聲則歲和。王道興也。易曰、雷出地奮。豫。豫內卦主春分二月。先王以作樂崇德。殷薦之上帝。雷者。所以開發萌芽。辟陰除害。萬物須靁而解。資雨而潤。故經曰靁以動之。雨以潤之。王者崇寬大。順春令。則靁應節。不則發動於冬。當震反潛。故易傳曰。當靁不靁。太陽弱也。太陽謂大壯今蒙氣不除。則其效也。蒙氣解見京易卷

漢書五行志曰。嚴公七年四月辛卯夜。恒星不見。夜中星隕如雨。易曰。雷雨作解。是歲歲在元枵。齊分壄也。雨以解過施。復從上下。象齊桓行霸。復興周室也。周四月。夏二月也。解二月卦。故以明之。

三月　豫訟蠱革夬豫內卦主春分二月中外卦主清明三月節

漢書五行志曰。雷以二月出。其卦曰豫。言萬物隨雷出地。皆逸豫也。以八月入。其卦曰歸妹。言雷復歸入地。則孕毓根核。與荄同歸

妹內卦主秋分八月

保藏蟄蟲。避盛陰之害。出地。則養長華實。發揚隱伏。宣盛陽之德。入能除害。出能興利。人君之象也。

易緯乾鑿度曰、陽消陰言夬。夬為言決也。當三月之時。陽盛息消夬陰之氣。萬物畢生。靡不蒙化。譬猶王者之崇至德。奉承天命。伐決小人。以安百姓。故謂之決。

仲翔注夬卦曰、夬、陽決陰。息卦也。

朱震易叢說曰、夬、三月清明氣也。故曰莧陸。夬夬莧陸。三月四月生也。

四月旅師比小畜乾

旅內卦主穀雨三月中　外卦主立夏四月節

比象曰、先王以建萬國。親諸侯。案比四月卦。古者封諸侯。以夏。

故。有。是。象。白虎通曰、封諸侯以夏何。陽氣盛養。故封諸侯。盛養
賢也。
干寶比卦注曰、比。世于七月。而息來在巳。去陰居陽。承乾之命。
義與師同。
案七月辰在申。四月辰在巳。故云去陰居陽。乾為辟。故云承
乾命。師亦世于七月。而息在巳。
漢書五行志曰、昭十七年六月甲戌朔。日有食之。左氏傳平子
曰。唯正月朔。慝未作。日有食之。於是伐鼓用幣。其餘則否。太史
曰。在此月也。當夏四月。是謂孟夏。說曰正月。謂周六月。夏四月。
正陽純乾之月也。慝。謂陰爻也。冬至陽爻起初。故曰復。至建巳

之月為純乾亡陰爻而陰侵陽為災重故伐鼓用幣責陰之禮

月令孟春行夏令則雨水不時康成注云巳之氣乘之也四月於消息為乾

後漢書張純奏曰禘祭以夏四月夏者陽氣在上陰氣在下故正尊卑之義也注云四月乾卦用事故言陽氣在上也

攝生月令曰四月為乾注云生氣卯死氣酉

五月大有家人井咸姤 大有內卦主小滿四月中內卦主芒種五月節

易大有象曰火在天上曰大有荀爽曰謂夏火王在天萬物並生故曰大有

井九二井谷射鮒鮒子夏傳謂蝦蟇朱震曰井五月之卦故有

蝦○蟇○

𧰼二體巽○巽為風○風主蟲○子夏以為蝦蟇○得之○

周易參同契曰、姤始紀序○履霜最先○井○底○寒○泉○井九五曰○井洌寒泉食○仲翔云、泉自下出稱井○周○七○月○夏○之○五○月○陰○氣○在○下○二已變坎○十一月為寒泉○故洌寒泉矣○

易坤初六曰、履霜堅冰至○九家易云、初六始姤○姤○為○五○月○盛夏而言堅冰○五月陰氣始生地中○言始於微霜○終至堅冰○以明漸順至也○

東觀漢記司徒魯恭上疏曰、𧰼○易○五○月○姤○卦○用○事姤卦巽下乾上○初六一陰生○五○月○之○卦○也○經曰○后以施令○誥○四方○言○君○以○夏○

至之日施命令止四方行者所以助微陰也。詰王弼改作誥

仲翔姤卦注曰、姤。五月。南方。

朱震易叢說曰、姤五月。夏至氣也。故曰以杞包瓜。瓜生於四月中氣故也。

六月鼎豐渙履遯鼎內卦主夏至五月中外卦主小暑六月節

京房易傳曰、雷與火震動曰豐宜日中。夏至積陰生。豐當正應。吉凶見矣。日中也。又云、上木下火。氣稟純陽。陰生于內。

易臨卦曰、至于八月有凶。仲翔注云、臨與遯旁通。臨消于遯。六月卦也。於周為八月。康成注云、臨自周二月用事。訖其七月。至八月而遯卦受之。

京房上封事曰、臣。前以。六月。中言。遯卦。不效。法曰。道人始去。寒涌水為災。至其七月。涌水出。

七月恒節同人損否

損彖曰、二簋應有時。仲翔注云、時、謂春秋也。損二之五。二之五成益。震二月。體互震。益、正月。春也。損、七月。兌、八月。秋也。震兌初九主二分。謂春秋祭祀。以時思之。

京房易傳曰、節建起甲申至己丑。陸績注云、為。本身節氣。案七月在申。節七月卦。故云本身節氣。又云、金上見水。本位相資。金、節本位也。二氣交爭。失節則嗟。

八月兌萃大畜賁觀兌內卦主處暑七月節外卦主白露八月節

巽初六曰、進退。利武人之貞。彖四體兌。兌為金。金主秋。立。秋。賞。

。。武人巽又于消息為七月八月。故曰利武人之貞。

虞仲翔始卦注曰巽八月西方

漢書五行志曰、定公元年十月。隕霜殺菽。劉向以為周十月。今八月也。於。消一作卦。為。觀。陰氣未至君位而殺。剝則至君位矣誅罰不由君出。在臣下之象也。

九月歸妹无妄明夷困剝歸妹内卦主秋分八月外卦主寒露九月節

歸妹象曰、澤上有雷。歸妹。干寶曰、雷薄于澤。八。月。九。月。歸。藏。之。時。也。

易緯乾鑿度曰、孔子曰、泰。正。月。之。卦。也。陽氣始通。陰道執順。故困此以見湯之嫁妹。能順天地之宜。立教戒之義也。湯嫁妹之詞見京房易。至于歸妹。八月卦也。指內卦陽氣歸下。陰氣方盛。故復以見湯之嫁妹。

郎顗傳、顗上七事曰、漢興以來。今在戌仲十年。於易雌雄秘歷。今值困之。凡九二困者。衆小人欲共困害君子也。經曰困而不失其所。其唯君子乎。

案困。九月卦。九月建戌。順帝時在戌仲。當是困卦。主歲。故以為值困之也。

朱子發周易叢說曰、困九月。霜降氣也。故曰株木。曰蒺藜。蒺藜者。秋成也。

乾鑿度曰陰消陽言剝當九月之時陽氣衰消而陰終不能盡
陽小人不能決君子也謂之剝言不安而已
漢書五行志曰僖公三十三年十二月隕霜不殺草劉向以為
今十月周十二月於易五為天位為君位九月陰氣至五通於
天位其卦為剝剝落萬物始大殺矣明陰從陽命臣受君令而
後殺也今十月隕霜不殺草此君誅不行舒緩之應也

十月艮既濟噬嗑大過坤

易緯乾鑿度孔子曰既濟九三高宗伐鬼方三年剋之高宗者
武丁也湯之後有德之君也九月之時陽失正位既濟為九月未詳盛
德既衰而九三得正下陰能終其道濟成萬物猶殷道中衰至

于高宗扶救衰微。三年而惡消滅。

應劭風俗通曰、易噬嗑為獄、十月之卦。獄從犬言聲。二犬亦存以守也。廷者陽也。陽上生長。獄者陰也。陰生刑煞。故獄皆在廷。比順其位。御覽六百四十三卷

朱子發周易叢說曰、大過。十月小雪氣也。故曰枯楊生梯。枯楊生華。

坤文言曰、夫元黃者。天地之雜也。荀爽云、消息之卦。坤位在亥。下有伏乾。陰陽相和。故曰天地之雜也。

唐一行開元大衍歷經朱震易叢說曰孟喜京房之學其書槩見於一行所集大要皆自子夏傳而出

發斂石君校法

十八葉石君校六

石君校公卦用事日七

大衍步發斂術

天中之策五　餘二百二十三　秒三十一　秒法七十二

地中之策十八　餘一百六十五　秒八十六　秒法一百二十

貞悔之策三　餘一百三十二　秒二百二　「秒法如前」

辰法七百六十　刻法三百四

恒氣。

推七十二候。各因中節大小餘命之。即初候日也。以天中之策及餘秒加之數除如法。即次候日。又加得末候日。凡發斂皆以恒氣。

推六十卦。各因中氣大小餘命之。公卦用事日也。以地中之策及餘秒累加之數除如法。各次卦用事日。若以貞悔之策加諸

石君校首稱者

侯卦。得十有二節之初。外卦用事日。推五行用事。各因四立大小餘命之。即春木夏火秋金冬水首用事日也。以貞斛之策及餘秒減四季中氣大小餘。即其月土始用事日。

常氣恒氣（月中節 四月卦）	初候 始卦	次候 中卦	末候 終卦
冬至（十一月中 坎初六）	蚯蚓結 公中孚	麋角解 辟復	水泉動 侯屯內卦
小寒（十二月節 坎九二）	雁北鄉 侯屯外卦	鵲始巢 大夫謙	野雞始雊 卿睽

大寒十二月中 坎六三

立春正月節 坎六四

雨水正月中 坎九五

驚蟄二月節 坎上六

春分二月中 震初九

雞始乳	鷙鳥厲疾	水澤腹堅
公升	辟臨	侯小過囯內
東風解凍	蟄蟲始振	魚上冰
侯小過囯外	大夫蒙	卿益
獺祭魚	鴻雁来	草木萌動
公漸	辟泰	侯需囯內
桃始華	倉庚鳴	鷹化為鳩
侯需囯外	大夫隨	卿晉
元鳥至	雷乃發聲	始電
公解	辟大壯	侯豫囯內

清明 三月節 震六三	桐始華	田鼠化為鴽	虹始見
	侯豫卦外	大夫訟	卿蠱
穀雨 三月中 震六三	萍始生	鳴鳩拂其羽	戴勝降于桑
	公革	辟夬	侯旅卦內
立夏 四月節 震九四	螻蟈鳴	蚯蚓出	王瓜生
	侯旅卦外	大夫師	卿比
小滿 四月中 震六五	苦菜秀	靡草死	小暑至
	公小畜	辟乾	侯大有卦內
芒種 五月節 震上六	螳螂生	鵙始鳴	反舌無聲
	侯大有卦外	大夫家人	卿井

夏至 五月中 離初九

小暑 六月節 離六二

大暑 六月中 離九三

立秋 七月節 離九四

處暑 七月中 離六五

鹿角解　蜩始鳴　半夏生

公咸　辟姤　侯鼎内

温風至　蟋蟀居辟　鷹乃學習

侯鼎外　大夫豐　卿渙

腐草為螢　土潤溽暑　大雨時行

公履　辟遯　侯恒内

涼風至　白露降　寒蟬鳴

侯恒外　大夫節　卿同人

鷹祭鳥　天地始肅　禾乃登

公損　辟否　侯巽内

白露八月節　離上九
鴻雁来
元鳥歸
群鳥養羞

侯巽卦外
大夫萃
卿大畜

秋分八月中　兌初九
雷乃收聲
蟄蟲坏戶
水始涸

公賁
辟觀
侯歸妹卦內

寒露九月節　兌九二
鴻雁來賓
雀入大水為蛤
菊有黃花

侯歸妹卦外
大夫无妄
卿明夷

霜降九月中　兌六三
豺乃祭獸
草木黃落
蟄蟲咸俯

公困
辟剝
侯艮卦內

立冬十月節　兌九四
水始冰
地始凍
雉入大水為蜃（野雉入水）

侯艮卦外
大夫既濟
卿噬嗑

雉石君校野雉

小雪 十月中 兌九五	虹藏不見	天氣上騰 地氣下降	閉塞而成冬
	公大過	辟坤	侯未濟內
大雪 十一月節 兌上六	鶡鳥不鳴	虎始交	荔挺出
	侯未濟外	大夫蹇	卿頤

七十二候 三微

易緯乾鑿度曰、天氣三微而成一著。三著而成一體。康成注云、五日為一微。十五日為一著。故五日有一候。十五日成一氣也。又曰、八卦之生物也。畫六爻之移氣。周而從卦。康成注云、八卦生物。謂其歲之八節。每一卦生三氣。則各得十五日。今言畫六爻。是則中分之。言太史司刻漏者。每氣兩箭。四十八箭猶是生焉。猶由通。

孔氏月令正義曰、凡二十四氣。氣有十五日有餘。每氣中半分之。爲四十八氣。氣有七日半有餘。故鄭注周禮云。有四十八箭。是一氣易一箭也。凡二十四氣。每三分之。七十二氣。氣間五日有餘。故一年有七十二候也。故通卦驗冬至之前五日。商旅不行。兵甲伏匿。人主與羣臣左右從樂五日。以五日爲一候也。

唐一行五卦候議曰。七十二候。原于周公時訓。月令雖頗有增益。然先後之次則同。

朱子發卦氣圖說曰、二十四氣。七十二候。見於周公之時訓。

呂不韋取以為月令焉。其上則見於夏小正。夏小正者。夏后氏之書。孔子得之於杞者。夏建寅。故其書始於正月。周建子而授民時巡守祭享。皆用夏正。（說本周書）故其書始於立春。夏小正其十二月而無中氣。有候應而無日數。至于時訓。乃五日為候。三候為氣。六十日為節。二書詳略雖異。其大要則同。豈時訓因小正而加詳歟。左氏傳曰。先王之正時也。履端於始。舉正於中。歸餘於終。中。謂中氣也。漢詔曰。昔者黃帝合而不死。名察庶驗。定清濁。起五部。建氣物分數。氣。謂二十四氣。則中氣其來尚矣。仲尼贊易時。已有時訓。七月一篇。則有取於時訓可知。易通卦驗。易家傳先師之言。所記氣候。比之時訓。

晚者二十有四。早者三。當以時訓為定。故子雲太元二十四氣。關子論七十二候。皆以時訓。

漢儒傳六日七分學

後漢方術傳曰、其流又有風角。遁甲。遁。古文遯。太元所謂遯乘六甲與斗相逢也七政。日月五星之政。元氣。開闢陰陽之書。漢書以太極為元氣六日七分。逢占。逢人所問而占之。日者。挺專。折竹卜。須臾。陰陽吉凶立成之法孤虛之術。

郎顗傳、父宗。字仲綏。學京氏易。善風角。星算。六日七分。

崔瑗傳、瑗明天官歷數。京房易傳。六日七分。

何休傳休注孝經。論語。風角。七分。皆經緯典謨。不與守文同說。

漢綏民校尉熊君碑曰、治歐羊與陽同尚書。六日七分。

隋經籍志京房周易飛候六日七分八卷五行家

易漢學卷三

東吳惠棟定宇

虞仲翔易

八卦納甲之圖

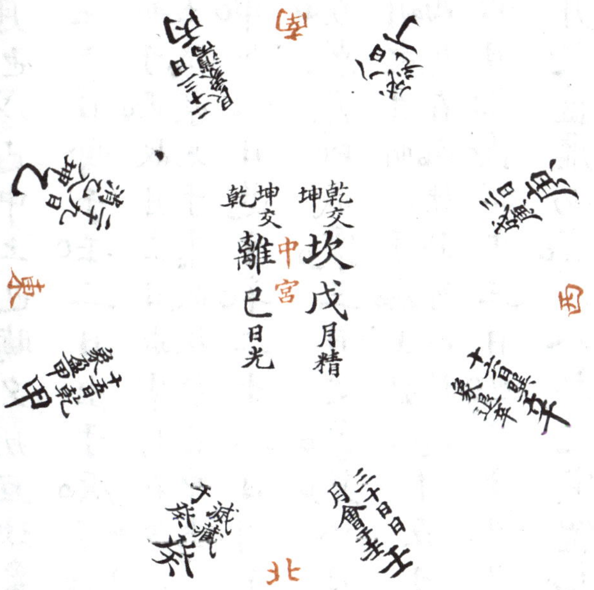

右圖、坎離。日月也。戊己。中土也。晦夕朔旦。坎象流戊。日中則離。離象就己。三十日會于壬。三日出于庚。孔子三朝記曰、日歸于西。起明于東。月歸于東。起明于西。故月三日成震時在庚西。仲翔曰戊己土位。象見于中。故坎離在中央。八日見于丁。十五日盈于甲。十六日退于辛。二十三日消于丙。二十九日窮于乙。滅于癸。乾息坤成震。三日之象。兌、八日之象。震本屬東方。兌本屬西方。然月之生明必于庚。上弦必于丁。故震在西。兌在南。諸卦可以類推。十五日而乾體成坤消乾成巽。十六日也、艮。二十三日也、二十九日而坤體就。出庚見丁者。指月之盈虛而言。非八卦之定體也。乾盈于甲。行至辛而始退。震為始生。巽為始退。而皆在西。兌上弦。艮下弦。而皆在南。乾滿于甲。坤窮于乙。而皆在東。此以月所行之道言之。而納甲由是生焉。甲乾乙坤。相得合木。故甲乙在東。丙艮丁兌。相得合火。

故丙丁在南。戊坎己離。相得合土。故戊己居中。庚震辛巽。相得合金。故庚辛在西。天壬地癸。相得合水。故壬癸在北。丙丁在南方。所謂二八應一斤也。甲乙在東方。壬癸在北方。所謂乾坤括始終也。御覽引京房易說曰。月初光見西方。已後生光見東方。皆日所照。法言曰。月未望則載魄于東。既望則終魄于東。其遡于日乎。繫辭所云在天在象。又曰懸象著明莫大乎日月。是也。仲翔述道士之言。謂易道在天三爻足矣。其言旨哉。

坤彖曰、西南得朋。乃與類行。謂陽得其類。月朔至望。從震至乾。與時偕行。故乃與類行。東北喪朋。乃終有慶。陽喪滅坤。坤終復生。謂月三日震象出庚。故乃終有慶。仲翔曰。此指說易道陰陽消息之大要也。謂陽月三日變而成震出庚。至月八日成兌見丁。庚西丁南。故西南得朋。謂二陽為朋。二十九日消乙入坤。滅藏於癸。乙東癸北。故東北喪朋。謂之以坤滅乾。坤為喪也。

小畜上九曰、月幾望。易說曰、月十五盈乾甲。十六見巽辛。內乾外巽。故月幾望。中孚六四、月幾望、晁氏說之曰、孟荀一行幾作既。孟喜云、十六日也。案此則孟長卿亦用納甲說之。案古文讀近為既。詩往近王舅是也。此實當作既。棣案六四體巽。故云既望。晁說是。

蹇彖曰、蹇利西南。往得中也。不利東北。其道窮也。仲翔曰、坤西南卦。坎為月。月生西南。故利西南往得中。謂西南得朋也。艮東北之卦。月消於艮。喪乙滅癸。故不利東北。其道窮也。則東北喪朋矣。說卦云、艮東北之卦也。萬物之所成終而所成始也。仲翔曰、萬物成始乾甲。成終坤癸。艮東北是甲癸之間。故萬物之所成終而成始者也。案仲翔之意。艮本東北之卦。而消于丙。當在南。加乾。十五日也。坤。三十日也。艮在中。距乾坤皆八日。甲東癸北。故云艮東北甲癸之間。蹇彖又云。蹇之時用大矣哉。仲翔曰。謂坎月生西南庚丁而終東北。甲癸震象出庚。兌象見丁。乾象盈甲。巽象退辛。艮象消丙。坤象窮乙。喪滅於癸。終則復始。以生萬物。故用大矣。

歸妹彖曰。歸妹。人之終始也。仲翔曰。人始生乾而終于坤。故人之終始。雜卦曰。歸妹女之終。謂陰終坤癸。則乾始震庚也。

繫辭上曰。在天成象。仲翔曰。謂。日。月。在。天。成。八。卦。震象出庚。兌象見丁。乾象盈甲。巽象伏辛。艮象消丙。坤象喪乙。坎象流戊。離象就己。故在天成象也。三畫謂之象。六畫謂之爻。日月在天成八卦。止以三天言之。仲翔曰。八卦乃四象所生。非庖犧之所造也。觀此可悟　又云、縣象著明。莫大乎日月。仲翔曰、謂日月縣天成八卦象。三日暮震象出庚。八日兌象見丁。十五日乾象盈甲。十六日旦巽象退辛。二十三日艮象消丙。三十日坤象滅乙。晦夕朔旦。坎象流戊。日中則離。離象就己。戊己土位。象見於中。宋人作納甲圖。以坎離列東西者。誤甚。　日月相推而明生焉。　又曰、四象生八卦。仲翔曰、乾二五之坤。則生震坎艮。坤二五之乾。則生巽離兌。故四象生八卦。乾坤生春。甲乙艮兌生夏。丙丁震巽生秋。庚辛坎離生冬者也。

參同契曰、子午數合三。坎子離午戊己號稱五。三五既和諧。八石正綱紀。又云、水以土為鬼。土鎮水不起。朱雀為火精。執平調勝負。水盛火須滅。俱死歸厚土。三性古文姓皆作性。漢碑猶然既合會。本姓共宗祖。仲翔注說卦云、水火相通。坎戊離己。月三十一會于壬。是坎離生冬之義。易乾鑿度曰。離為日。坎為月。日月之道。陰陽之經。所以終始萬物。故以坎離為終。康成云、言以日月終天地之道。

繫辭下曰、八卦成列。象在其中矣。仲翔曰、象、謂三才成八卦之象。乾坤列東。甲乙艮兌列南。丙丁震巽列西。庚辛坎離在中。戊己故八卦成列。則象在其中。

說卦曰、水火不相逮。仲翔曰、謂坎離。逮、及也。水火相通。坎戊離己。月三十日一會於壬。故不相逮也。仲翔又注歸妹曰、乾主壬、坤主癸。日月會此。

又云、萬物出乎震。震、東方也。仲翔曰、出、生也。震初不見東。震初出庚
在西。故不稱東方卦也。齊乎巽。巽、東南也。注云、巽陽隱初。又不
見東南。巽在西。亦不稱東南卦。與震同義。離也者、明也。萬物皆
相見。南方之卦也。注云、離象三爻皆正。日中正南方之卦也。日中
則離兌正秋也。注云、兌三失位不正。故言正秋。兌象不見西。兌在
南。故不言西方之卦。戰乎乾。乾、西北之卦也。注云、乾剛正五。
月十五日晨象西北。暮在東。故西北之卦。坎者、水也。正北方之
卦也。注云、坎二失位不正。故言正北方之卦。與兌正秋同義。坎
月夜中。故正北加　艮東北之卦也。萬物之所成終而所成始
也。故曰成言乎艮。注云、萬物成始乾甲。成終坤癸。艮東北甲癸

之間。說見前故萬物之所成終而成始者也。
魏伯陽參同契曰、天符有進退。詘伸以應時。故易統天心。復卦
建始萌。長子繼父體。因母立兆基。沈括曰、乾初爻交坤生震。故震初爻納子午。乾初子午。故
也。消息應鍾律。詳後圖升降據斗樞。漢書律歷志云、玉衡杓建天之綱也。如淳曰、杓音猋。斗端
星也。孟康曰、斗在天中。周制四方。猶宮聲處中。為四聲綱也。太元曰、巡乘六甲與斗相逢。三日出為爽。奭明也。
震庚受西方。朱子曰、三日第一節之中。日生明之時也。盖始受一陽之光。昏見於西方庚地。八日兌受
丁。上弦平如繩。朱子曰、八日第二節之中。月上弦之時。受二陽之光。昏見于南方丁地。十五乾體
就。盛滿甲東方。朱子曰、十五日第三節之中。月既望之時。全受日光。昏見於東方甲地。是為乾體。蟾蜍
與兔魄。日月氣雙明。蟾蜍視卦節。兔者吐生光。七八道已訖。七八
十五。屈折低下降。十六轉受統。巽辛見平明。朱子曰、十六日第四節之始。始受下一陰

為巽而成魄。以平旦而沒於西方辛也。艮直於丙南。下弦二十三。朱子曰、二十三日第五節之中。復生中一陰為艮。而下弦。以平旦而沒於南方丙地。坤乙三十日。東北喪其朋。節盡相禪與。繼體復生龍。朱子曰三十日第六節之終。全變三陽而光盡。體伏於西北。一月六節既盡。而禪於後月。復生震卦云。壬癸配甲乙。乾坤括始終。沈括曰、乾納甲壬。坤納乙癸者。上下包之也。七八數十五。九六亦相應。四者合三十。七八九六皆合于十五。所謂四象生八卦也。陽氣索滅藏。滅藏于癸。續漢書律歷志曰、故太史待詔張隆言。能用易九六七八爻。知月行多少。蓋用納甲之法。以知晦朔弦望耳。又云火記不虛作、演易以明之、偃月法鼎爐。白虎為熬樞。郭洞林云、兌為白虎。汞日為流珠。青龍與之俱。御覽引古注云。日為陽。陽精為流珠。青龍東方少陽也。舉東以合西。日東月西。魂魄自相拘。日魂月魄。上弦兌數八。下弦艮亦八。兩弦合其精。乾坤體乃成。兌息成乾。艮消成坤。二八應一斤。易道正不、傾。又云、晦朔之間。合符行中。（坎戊離己）始於東北。箕斗之鄉。（甲癸之間）（上為箕斗。）旋而右轉。嘔輪吐萌。潛潭見象。（春秋緯有潛潭巴。義與此同。）昴畢之上。震出為徵。（昴畢在庚。）陽氣造端。初九潛龍。（注見上。下同）陽以三立。（春秋緯元命包曰、陽立于三。三日出為震。故）陰以八通。（陰立於八。）三日震動。八日兌行。九二見龍。（兌為見。）和平有明。三五德就。（十五日。）乾體乃成。九三夕惕。虧折神符。盛衰漸革。終還其初。巽繼其統。固濟保持。九四或躍。進退道危。（巽為進退。）艮主進止。不得逾時。二十三日。典守弦期。九五飛龍。天位加喜。六五坤承。結括終始。韞養衆子。世為類母。上九亢龍。戰德於野。用九翩翩。為道規矩。陽數已訖。訖則復起。推情合性。轉而相與。循環璇璣。升降上下。周流六爻。難可察覩。故無常位。為易宗祖。又云、坎戊月精。離己日光。日。月。為。易。繫辭下云、易者象也。仲翔云、易謂日月。縣象著明。莫大日月也。剛柔相當。土旺四季。羅絡始終。青赤黑白。各居一方。甲乙青。丙丁赤。壬癸黑。庚辛白。皆禀中宮。戊己之功。戊己黃龍虎上經曰、丹砂流汞父。汞、說文作澒。云丹沙所化為水銀也。戊己黃金母。鍾律還二六。十二律斗樞建三元。赤童戲朱雀。郭洞林云、離為朱雀。變化為青龍。坤初變成震。三日月出庚。東西分卯酉。龍虎自相尋、震龍兌虎、卯東酉西也。坤再變成兌。八日月出丁。上弦金半斤。坤三變成乾。十五三陽備。圓照東方甲。春秋保乾圖曰日以圓照金水溫太陽、赤髓流為汞、姹女弄明璫、月盈自合虧、十六運將滅。乾初缺成巽。平明月見辛。乾再損成艮。二十三下弦。下弦水半斤。月出於丙南。乾三變成坤。坤乙三十日。東北喪其朋。月沒於乙地。坤乙月既晦。土　金將化。繼坤生震龍。乾坤括始終。如上三十日坤生震兑乾乾生巽艮坤、八卦列布曜、推移不失中、

案龍虎經。似宋初人。僞撰。如圓照東方甲。坤生震兑乾。皆不知。漢。易。者。也。圓照東方甲先天之說也納甲異是故謂乾生震坎艮坤生巽離兑則可謂乾生巽坤出震則不可至謂坤生乾乾生坤則尤謬也

漢書李尋曰、月者。衆陰之長。銷息見伏。百里為品。千里立表。萬里連紀。妃后大臣諸侯之象也。朔。晦。正。終。始。壬癸甲乙。配弦。為。繩。墨。兑。艮望。成。君。德。乾君。為春夏南。秋冬北。

京房乾卦傳曰、甲壬配外内二象。陸績曰、乾為天地之首。分甲。

壬。入。乾。位。

案乾納甲壬。故内三爻甲子寅辰。外三爻壬午申戌。

京房履卦傳曰六丙属八卦。九五得位為世身。九二大夫合應象。陸績曰、艮、六。丙。也。

案艮五世履。故云六丙。

京氏易傳曰、分天地乾坤之象。益之以甲乙壬癸。（陸績曰、乾坤一卦。為天地陰陽之本。故分甲乙壬癸陰陽之始終。）震巽之象配庚辛。（庚陽入震。辛陰入巽。）坎離之象配戊己。（戊陽入坎。己陰入離。）艮兑之象配丙丁。（丙陽入艮。丁陰入兑。）八卦分陰陽六位。配五行。光明四通。俲（一作傚又作簡又作變）易立節。

又曰、鼎木能巽火。故鼎之象。中虚見納受。辛。於。内。也。

虞巽納辛。謂離中虛而受巽辛。故有鼎象。古文尚書堯典曰。女汝耐能膏庸龠。命顨巽舼朕立。位說文曰、顨、巽也。从丌从顛。此易顨卦為長女。為風者。馬融注尚書曰。顨、遜也。顨、古文巽。巽納辛。許叔重謂受。辛。者。宜。辭。之、故辤字从受从辛。亦巽讓之義也。

唐律義疏曰、按禮。日見于甲。月見于庚。

虞仲翔注易訟上九曰、乾為甲。日出甲上。故稱朝。說文曰、早、从日在甲上。古文早作𣅟。十五乾盈甲。日月相望。月上屬為天使。故日見于甲也。三日月出庚。震屬庚。故月見于庚也。夫婦之義取諸此。

五位相得而各有合

繫辭曰、天數五。地數五。五位相得而各有合。仲翔曰、五位謂五行之位。甲乾乙坤相得合木。謂天地定位也。丙艮丁兌相得合火。山澤通氣也。戊坎己離。相得合土。水火相逮也。土。水火相通合參同契所謂三物一家。都歸戊己也。庚震辛巽。相得合金。雷風相薄也。天壬地癸。相得合水。虞註說卦水火不相射云謂坎离射厭也水火相通坎戊离己月三十日一會於壬故不相射虞又注繫辭四象生八卦云乾坤生春艮兌生夏震巽生秋坎离生冬皆是義也言陰陽相薄而戰於乾。故五位相得而各有合。

乙　丁　己　辛　癸
三木　二火　五土　四金　一水
甲　丙　戊　庚　壬

五位相得
而各有合

右圖見宋本參同契。當是仲翔所作。與前說合。月令所謂孟春之日。其日甲乙。孟夏之日。其日丙丁。是也。月令又云。孟春其數八。孟夏其數七。蓋以土數。乘木火金水而成。即劉歆大衍之數也。皇侃禮記義疏。以為金木水火。得土而成。以水數一。得土數五。故六也。火數二。得土數五。為成數七。木數三。得土數五。為成數八。又金數四。得土數五。為成數九。參同契謂土旺四季。羅絡始終。青赤黑白。各居一方。皆稟中宮。戊己之功。皆是物也。朱子發作易圖。及叢說。據仲翔甲乾乙坤相得合木之注。以為甲一、乙二、丙三、丁四、戊五、己六、庚七、辛八、壬九、癸十、乾納甲壬配一九、坤合乙癸配二十、殊不知納甲之法。甲與乙合。生成之數。一與六合。兩說判然。朱氏合而一之。漢學由是日晦矣。

周流六虛

繫辭曰、變動不居。周流六虛。仲翔曰、六虛。六位也。乾坤十二辰分六位。陸績
說也。乾三畫坤三畫日月周流。終則復始。故周流六虛。謂甲子
分六位。仲翔說也。
之旬辰為虛。坎戊為月。離己為日。入。在。中。宮。其。處。空。虛。故稱六
虛。五甲如次者也。棟案甲子之旬辰為虛者。六甲孤虛法也。裴
駰曰。甲子旬中無戌亥。戌亥為孤。辰巳為虛。甲戌旬中無申酉。
申酉為孤。寅卯為虛。甲申旬中無午未。午未為孤。子丑為虛。甲
午旬中無辰巳。辰巳為孤。戌亥為虛。甲辰旬中無寅卯。寅卯為
孤。申酉為虛。甲寅旬中無子丑。子丑為孤。午未為虛。太史公曰。
日辰不全。故有孤虛。張存中四書通證云、陰陽家金匱曰、六甲旬孤上坐者勝。虛上坐者負。伍子胥曰。凡
遠行諸事不得往。甲乙為日。合而為五行。子丑為辰。分而為六位。淮南子謂

之府。六故京房易傳曰。降五行。頒六位。漢書律歷志曰。天數五。地數六。六為虛。五為聲。周流於六虛。虛者爻律。(乾坤十二爻。黃鍾十二律。陰陽各六。)其說皆與仲翔合。天有五行十二辰。(參同契曰。日合五行精。月受六律紀。五六三十度。度竟復更始。)易有四正十二消息。樂有五聲十二律。(參同契曰。消息應鍾律。)其義一也。仲翔又謂坎月離日。入在中宮。其處空盧者。此謂坎離為乾坤二用也。乾位六。坤位六。主一歲之消息。坎戊離己。居中宮。旺四季。出乾入坤。流行于六位消息之中。而消息獨無二卦象。故云其處空盧也。參同契曰、天地設位。而易行乎其中矣。天地者。乾坤之象也。設位者。列陰陽配合之位也。(乾坤各六。)易謂坎離。(日月)坎離者。乾坤二用。二用無爻位。(十二消息不見坎離象。朱子語類解參同契二用。即乾坤用九用

六誤殊周流行六虛往来既不定上下亦無常幽潛淪匿變化於
中包囊萬物為道紀綱以無制有器用者空故推消息坎離沒
亡是則坎離者於五行為土於五聲為宮律歷志云天之中數
五五為聲聲上宮五聲莫大焉地之中數六六為律律者著宮
聲也宮以九唱六變動不居周流六虛始於子終於亥而乾坤
六位畢矣十一月黃鍾乾初九至十月應鍾坤六三而一歲終

乾為積善

坤文言曰積善之家必有餘慶積不善之家必有餘殃仲翔曰
謂初乾為積善以坤牝陽滅出復震為餘慶乾成于震謂月三日坤積不
善以乾通坤極姤生巽為餘殃坤生于巽謂十六日仲翔又注履上九曰

乾為積善。故考祥。漢議郎元賓碑曰。乾。乾。積。善。蓋古人以陰為惡。陽為善。朱穆奏記曰。善道屬陽。惡道屬陰。尚書大傳攷績訓曰。積不善至於幽。六極以類降。故黜之。積善至於明。五福以類升。故陟之。乾為善。又為福。故仲翔注謙卦云。坤為鬼害。乾為神福。乾。乾。積。善。謂九。三。也。五。福。攸。好。德。其。積。善。之。謂。乎。

虞氏逸象

荀九家逸象三十有一。載見陸氏釋文。朱子采入本義。虞仲翔傳其家五世孟氏之學。八卦取象。十倍于九家。如乾為王。乾為君。故為王。九家震為王。乾初九也。為神。陽為神。為人。指九三。案康成注乾鑿度曰。人象乾德而生。又云。太乙常行乾宮。降感而生人。為聖人。九五為賢人。九二二升五故曰賢人為君子。謂九三。三于三才為人道。為善人。乾為善。為人。故為善人。乾元善之長也。為武人。乾陽剛武。春秋外傳曰天事武。為行人。為物。乾純粹精。故主為物。為敬。九三夕惕若厲。厲、說文引作寅。寅、敬也。左傳、成季之生也。筮之。遇大有之乾。曰同復于父。敬如君所。是乾為敬也。為威。為嚴。君德威嚴。太元曰地坎而天嚴。為道。乾為天。道之大原出于天。故乾為道。彖傳曰乾道變化。為德。乾有四德。為性。天命之謂性。為信。坎、之孚也。為善。善道屬陽。為良。乾善故良。為愛。長人故愛。為忿。乾剛武。為忿。為生。為慶。陽稱慶。為祥。善也。為嘉。四德亨者嘉之會。為福。為祿。為積善。為介福。介大。為先。坤先迷後得主。故乾為先。為始。乾知大始。為知。乾以易知。為大。陽稱大。為盈。十五乾盈甲。為肥。乾盈故肥。為好。賈逵曰好生于陽。為施。陽主施。為為利。利、四德之一。為清。乾為天。輕清者為天。為治。乾元用九。天下治。為高。為宗。宗尊也。乾為天。天尊。故為宗。為甲。乾納甲。素問曰天氣始于甲。為老。四月乾已老。為舊。為古。周書周祝曰天為古。尚書曰若稽古帝堯。鄭注云稽同也古天也。為久。不息則久。為畏。與威通。為大明。本卦為書。為遠。虞注謙彖曰天道遠故乾為遠。為郊。位西北之郊。為野。與郊同義。為門。乾坤易之門。為大謀。坎心為謀。乾稱大。故為大謀。為道門。為百。乾三爻三十六。故百。略其奇八。與大衍之五十同義。左傳陳敬仲生。周史筮之。遇觀之否。曰。庭實旅百。奉之以玉帛。天地之美具焉。盖艮為庭。為實。坤為旅。為帛。乾為百。為玉也。為歲。為朱。乾為大赤。故為朱。為頂。與首同義。為圭。為玉。故為圭。為蓍。蓍數百。與乾同。白虎通引禮雜記曰蓍陽之老也。

坤為妣。坤為喪。為母。母喪故稱妣。為民。一君二民。為姓。為刑人。坤為刑。為小人。陰稱小。為鬼。乾神。坤鬼。黃帝占以坤為鬼門。為尸。坤為身為喪。身喪。故為尸。為形。在地成形。為自。為我。為躬。釋詁曰躬身也。為身。釋詁曰身我也。為至。至哉坤元。為安。坤主靜。故安。左傳畢萬筮仕。遇屯之比。辛廖占之曰。安而能殺。杜預以為坤安震殺也。月令晏陰。鄭注云陰稱安。為康。猶安也。為富。大戴禮誥志曰地作富。為財。禮運曰天生時而地生財。為積。為聚。為重。為厚。厚德載物。為基。為致。與至同。為用。為包。為寡。坤陰水故為寡。為徐。為營。坤為旬。古文旬營通。詩江漢。來旬來宣。箋云。旬當為營。此其證。為下。地畀故下為裕。坤弱故裕。為虛。乾息為盈。坤消為虛。太元曰陽道常饒陰道常乏陰陽之道也為書。地事文。故為書。坤為文也。為永。坤用六利永貞。為邇。為近。法言曰近如地坤為身本諸身者最近故為邇為近也為思。為默。為惡。好惡之惡。賈達曰。惡生于陰。為禮。為義。周書曰。地道曰義。乾鑿度曰。地靜而理曰義。為事。六三或從王事。京房云。陰為事。為類。彖傳為閑。坤闔戶故閑為寤。兌上爻為恥。為欲。坤陰吝嗇為欲。為過。積惡故為過為醜。坤為夜。太元夜以醜之。詩中冓之言。言之醜也。薛君章句中冓。中夜。為惡。惡道屬陰。春秋傳曰惟正月之朔慝未作謂建巳之月惡未作也是知陰為惡為怨。為害。為終。代終。為死。為喪。坤喪于乙。為殺。為亂。為喪期。為積惡。初六為冥。為晦。月晦于坤。為夜。為暑。冬至復初九乾也。稽覽圖曰冬至之後三十日極寒。故乾為寒。夏至姤初六坤也。稽覽圖曰夏至之後三十日極暑。故坤為暑。為乙。坤納乙。為年。為十年。坤數十。為盡。與闔同。為戶。為闔戶。繫辭為庶政。坤眾故為庶坤發于事業故為政為大業。繫辭為土。為田。為邑。為國。為邦。坤為土為民民以土服故為國為邦為大邦。為鬼方。為鬼。為方。故為鬼方。為器。形而下者謂之器為缶。坤土。為輻。為大輿。故為輻。為虎。京房易。坤為虎刑。為黃牛。震為帝。帝出乎震。為主。主器。為諸侯。漢司徒丁恭曰。古者帝王封諸侯。不過百里。故利以建侯。取法于雷。逸禮王度記曰。諸侯封不過百里。象雷震百里。為人。為行人。為行。為人。故為行人。為士。震初元士為兄。為夫。晉語司空季子論屯之震曰一夫之行也韋昭云一夫一人也震一索而得男故曰一夫。為元夫。為行。韋昭曰震為作足故為行晉語曰一夫之行也為征。猶行也。為出。三日出震。為逐。震為驚走。故稱逐。為作。東作之義。震為作足作起也震起故為作為興。猶起也為奔。為奔走。為驚衛。為百。論語讖曰。雷震百里聲相附。宋均注雷動百里。故因以制國也。酈炎對事曰。或曰雷震驚百里。何以知之。炎曰。以其數知之。夫陽動為九。其數三十六。陰靜為八。其數三十二。一陽動二陰。故曰百里。為言。為講。為議。為問。為語。為告。震善鳴。故有諸象。為響。為音。震為鼓。故為音。為應。同聲相應鄭注曲禮曰雷之發聲物無不同時應者為交。為

徵。為反。為後。為長子。故為後。為世。世子為從。春秋傳太子曰冢子君行則守有守則從故為從為
守。守宗廟社稷為左。震在卯。卯為左。為生。震春為生又月三日生明。為緩。為寬仁。太元曰三八為
木。性仁情喜。震為春。春主仁。樂緯稽耀嘉曰。仁者有惻隱之心。本生于木。注云、仁生于木。故惻隱出于自然也。為樂。春秋
繁露曰、春、蠢也。蠢蠢然、喜樂之貌。為笑。本卦為大笑。為陵。震為阪生。阪、陵阪。為祭。主祭。為鬯。
長子主祭器。為草莽。太元曰為草。為百轂。為百。為稼。故為百轂。為麋鹿。麋鹿善驚。震驚之象。京房
易傳曰震遂泥厥咎國多麋。為萑。服虔曰、震竹。竹為萑。為趾。足也。坎為雲。上坎為雲。下坎成雨。為
乎雲。為大川。為志。心志一也。為謀。洪範謀屬水釋言曰謀心也。為惕。加憂為惕。為疑。為
恤。為逖。恤逖皆憂也。為悔。坎心為悔。為涕洟。為疾。為災。為破。為罪。為悖。為
欲。坎水為欲、為淫。坎水為淫。為獄。坎為叢棘故為獄為暴。坎盜為暴。為毒。為虛。為瀆。煩瀆
之瀆。為孚。為平。水性平。為則。法則。為經。六經之經。為法。見左傳太元曰一六為水類為法為

蔾○坎爲蔾棘○爲聚○爲習○本卦爲美○坎爲美脊○故美○爲後○爲入○爲納○納古作內與入同義爲臀○爲胥○爲膏○坎雨稱膏太元曰類爲膏注云潤萬物也爲陰夜○坎月夜○爲歲○爲三歲○坎上三歲不覿爲酒○爲鬼○太元曰類爲鬼范望注云陰所聚也爲校○桎桔之類爲弧○爲弓彈○爲穿木○桎桔爲穿木艮爲弟○爲小子○爲賢人○九三○爲童○爲童僕○爲官○爲友○爲道○爲徑路○故爲道○爲時○爲小狐○爲狼○爲碩○爲碩果○剝卦爲慎○爲順○艮爲弟善事兄弟故爲順古文慎順通○爲待○爲執○爲手○故爲執○爲多○艮多節○故爲多○爲厚○爲求○艮兌同氣相求故爲求爲篤實○見大畜象爲穴居○爲城○爲宮○門闕○宮象○爲庭○杜預注左傳曰艮爲門庭○爲廬○爲牖○爲居○爲舍○與居同義○爲宗廟○爲社稷○爲星○艮主斗○斗建十二辰○艮爲人○斗合于人統○朱子發引仲翔注曰○離艮爲星○離爲日○非星也○朱誤讀虞注耳○爲斗○艮上値斗○九家易曰○艮數三○七九六十三○三主斗○爲沬○小星○爲肱○爲背○艮爲多節○故稱背○艮卦云○艮其背○爲尾○爲皮○艮爲膚○故爲皮○巽爲命○本卦

為誥。見姤卦為號。為商。巽近利市三倍故為商為隨。為處。巽陽居下故為處。為歸。為利。近利市。為同。齊乎巽齊同也。為交。為白茅。為草莽。為草木。剛爻為木。柔爻為草為薪。為帛。為墉。為牀。巽木為牀為桑。為蛇。位在巳。為魚。郭璞曰魚者。震之廢氣也。朱子發曰巽王則震廢。故仲翔以巽為魚也。离為黃。六二為見。相見乎离。為飛。鳥體飛。為明。嚮明而治為光。為甲。日出甲上。為甲胄故為甲為孕。為大腹。故為孕。為戎。戈兵。戎器。為刀。為斧。為資斧。為矢。為黃矢。馬王亦云離為矢。見釋文。離為黃故又為黃矢。為罔。罔罟取諸離。為鶴。為鳥。見左傳為飛鳥。為甕。為瓶。皆中虛之象。兌為友。朋友講習為朋。二陽為朋為刑。為刑人。兌秋為刑為小。為密。為見。見雜卦。仲翔曰。兌陽息二。故見。為右。兌在酉。酉、右也。又手也。兌為口。口助手。故為右。仲翔云。口助稱右。說文曰。右、手口相助也。為少知。以上取象共三百二十六。乾六十二、坤八十二、震五十、坎四十六、艮三十八、巽二十、离十九、兌九、雖大略本諸經。然其授受必有所自。非若後世嚮壁虛造。漫無根據者也。又說卦異同者五震為旉旉作專為反生反作阪巽為廣顙廣顙作黃桑艮為指為狗狗作拘兌為羊羊作羔

孔文舉書

孔融荅虞仲翔書曰。示所著易傳。自商瞿以來。舛錯多矣。去聖彌遠。衆說騁辭。曩聞延陵之理樂。今覩吾子之治易。知東南之美者。非徒會稽之竹箭也。又觀象雲物。察應寒溫。原其禍福。與神合契。可謂探索旁通者已。方世清聖。上求賢者。梁邱以卦筮寧世。劉向以洪範昭名。想當來翔。追蹤前烈。相見乃盡。不復多陳。藝文五十五

仲翔奏上易注曰。臣聞六經之始。莫大陰陽。是以伏羲仰天縣。

象而建八卦（八卦從納甲而生故云仰天縣象）觀變動六爻為六十四以通神明以類萬物臣高祖父故零陵太守光少治孟氏易（兩漢以後七十子之學惟孟氏獨得其傳）曾祖父故平輿令成纘述其業至臣祖父鳳為之最密臣亡考故日南太守歆（北堂書鈔一百二卷引會稽典錄曰虞歆字文肅歷郡守節操高厲魏曹植為東阿王東阿先有三十碑銘多非實植皆毀除之以歆碑不虛獨全焉又御覽四百十一卷引會稽典錄云虞固字季鴻少有孝行後為日南太守似又一人）受本于鳳最有舊書世傳其業至臣五世前人通講多玩章句雖有祕說于經疏闊臣生遇世亂長于軍旅習經于枹鼓之閒講論于戎馬之上蒙先師之說依經立注（非傳五世之學及蒙先師之說不能注易）又臣郡吏陳桃夢臣與道士相遇放髮被鹿裘布易六爻挑其三以飲臣臣乞盡吞之道士言易道在天三

爻。足。矣。在天成象。納甲止據三爻。豈。臣。受。命。應。當。知。經。所覽諸家解。不。離。流。俗。義。有。不。當。實。輒。悉。改。定。以。就。其。正。孔子曰乾元用九而天下治。聖人南面。蓋取諸離。斯誠天子所宜協陰陽。致麟鳳之道矣。

謹正書副上。惟不罪戾。

仲翔又奏曰、經。之。大。者。莫。過。于。易。自漢初以來。海內英才。其。讀。易。者。解。之。率。少。桓寬鹽鐵論桑大夫問易中一事山東文學六十人皆不能荅班固撰孟喜傳不識箕子之明夷古文作其子讀為荄茲至孝靈之際。潁川荀諝。號為知易。臣。得。其。注。有。愈。俗。儒。仲翔注易大略本諸慈明升降卦變耳至所說西南得朋。東北喪朋。顛倒反逆。了不可知。荀以午至申。得坤一體為得朋。子至寅。喪坤一體為喪朋。虞據納甲。以荀說為不然也。孔子歎易曰。知變化之道者。其知神之所為乎。以。美。大。衍。四。象。之。

作。四象謂象兩象三象四時及閏易有四象所以示也而上為章首。荀屬下章章首尤可怪笑。又南郡太守馬融。名有俊才。其所。解釋。復。不。及。諝。融于易全無發明不及荀諝遠甚孔子曰。可與共學。未可與適道。豈不其然。若乃北海鄭氏。南陽宋忠。雖各立注。忠小差氏。而皆。未得。其門。言忠差勝玄而皆未得門而入也忠注見羣龍一節獨勝諸儒難。以。示。世。

易漢學卷四

東吳　惠棟　定宇

京君明易上　附干寶

八卦六位圖　出火珠林

乾　屬金

壬戌土
壬申金
壬午火
甲辰土
甲寅木
甲子水

李淳風曰。乾主甲子壬午。甲為陽日之始。壬為陽日之終。子為陽辰之始。午為陽辰之終。初爻在子。四爻在午。乾主陽內子為始。外午為終也。

坤　屬土

癸酉金
癸亥水
癸丑土
乙卯木
乙巳火
乙未土

李淳風曰。坤主乙未癸丑。乙為陰之始。癸為陰之終。丑為陰辰之始。未為陰辰之終。坤初爻在未。四爻在丑。坤主陰。故內主未而外主丑也。

朱震周易叢說曰甲壬得戌亥者均謂之乾不一其甲子壬子也乙癸得申未者均謂之坤不一其乙未癸未也故論乾則甲子與壬子同甲寅與壬寅同甲辰與壬辰同壬午與甲午同壬申與甲申同壬戌與甲戌同論坤則乙未與癸未同乙巳與癸巳同乙卯與癸卯同乙丑與癸丑同乙亥與癸亥同乙酉與癸酉同

震屬木　庚戌土　庚申金　庚午火　庚辰土　庚寅木　庚子水

李淳風曰。震主庚子庚午。震為長男。即乾之初。九甲。對於庚。

故震主庚。以父授子。故主子午。與父同也。

巽屬木

辛卯木
辛巳火
辛未土
辛酉金
辛亥水
辛丑土

李淳風曰、巽主辛丑辛未。巽為長女。即坤之初六。乙與辛對。故巽主辛。以母授女。故主丑未。同於母也。

坎屬水

戊子水
戊戌土
戊申金
戊午火
戊辰土
戊寅木

李淳風曰、坎主戊寅戊申。坎為中男。故主于中辰。

離屬火

己巳火
己未土
己酉金
己亥水
己丑土
己卯木

李淳風曰、離主己卯己酉。離為中女。故亦主于中辰。

艮屬土

丙寅木
丙子水
丙戌土
丙申金
丙午火
丙辰土

李淳風曰、艮主丙辰丙戌。艮為少男。乾上爻主壬。對丙。用丙辰丙戌。是第五配。

兌屬金

⚋丁未土
⚊丁酉金
⚊丁亥水
⚋丁丑土
⚊丁卯木
⚊丁巳火

李淳風曰。兌主丁巳丁亥。兌為少女。坤上爻。主癸。對丁。用丁巳丁亥。乃第六配。

右圖。載見周易六十四卦火珠林即納甲法也。抱朴子曰。案玉策記。及開名經。皆以五音六屬。知人年命之所在。子午屬庚。原注。震初爻庚子庚午。丑未屬辛。巽初爻辛丑辛未。寅申屬戊。坎初爻戊寅戊申。卯酉屬己。離初爻己卯己酉。辰戌屬丙。艮初爻丙辰丙戌。巳亥屬丁。兌初爻丁巳丁亥。禮記月令正義。引易林云。今易林無之。震主庚子午。巽主辛丑未。坎主戊寅申。離主己卯酉。艮主丙辰戌。兌主丁巳亥。案玉策記。開名經。皆周秦時書。京氏之說。本之焦氏。焦氏又得之周秦以來先師之說所傳。不始于漢也。

朱子發曰。乾交坤而生震坎艮。故自子順行。震自子至戌六位。長子代父也。乾初子午。坎自寅至子六位。中男也。艮自辰至寅六位。少男也。坤交乾而生巽離兌。故自丑逆行。巽自丑至卯六位。配長男。離自卯至巳六位。配中男也。兌自巳至未六位。配少男也。女從人者也。故其位不起于未。易於乾卦言大明終始。六位時成。則七卦可以類推。

沈存中曰。震納子午。順傳寅申。陽道順。巽納丑未。逆傳卯酉。陰道逆。案沈氏又以震巽納庚辛。從下而上。與胎育之理同。

其說非也。易乾鑿度云。易氣從下生。兼乾坤言之也。何獨六子耶。陽左行。故順。陰右行。故逆。爻辰亦然。朱沈之說未盡。

項平菴曰、陽卦納陽干陽支。陰卦納陰干陰支。陽六干皆進。進陰六干皆退。惟乾納二陽。坤納二陰。包括首尾則天地父母之道也。

易乾九四、或躍在淵。干寶曰、躍者。暫起之言。既不安於地而未能飛於天也。四以初為應。謂初九。甲子。龍之所由升也。

案乾初九甲子水。干氏以喻武王孟津甲子之事。故云。

坤上六、龍戰于野。其血元黄。干寶曰、陰在上六。十月之時也。爻終於酉坤上六癸酉金而卦成於乾卦本乾也。陰消成坤。乾體純剛。不堪陰盛。故曰龍戰。戌。亥。乾。之都。也、故稱龍焉。

蒙初六、發蒙。利用刑人。干寶曰、初。六。戊。寅。坎初六戊寅木。平明之時。天光始照。故曰發蒙。坎為法律。寅。為貞。厲、以貞用刑。故利用刑人矣。

案厲貞。火也。寅中有生火。故云。

井初六井泥不食。干寶曰、在井之下。體。本。土。爻。巽初六辛丑土。故曰泥也。井而為泥。則不可食。故曰不食。

震六二象曰、震來厲。乘剛也。干寶曰、六。二。木。爻。庚寅木。震之身也。得位無應。而以乘剛為危。此記文王積德累功。以被囚為禍也。

月令、季夏行春令。則穀實鮮落。國多風欬。康成注云、辰之氣乘之也。未屬巽。辰又在巽位。二氣相亂爲害。正義云。案易林云。巽主辛丑。未是未屬巽也。

漢書王莽傳。徵曰杜陵史氏女爲皇后。羣臣上壽曰。迺庚子。雨水灑道。辛丑清靚無塵。其夕穀風迅疾。從東北來。辛丑巽之宮日也。巽爲風爲順。后誼明母道得溫和慈惠之化也。

朱子語類曰。火珠林占一屯卦。則初九是庚子。六二是庚寅。六三是庚辰。六四是戊午。當是戊申。九五是戊申。當是戊戌。上六是戊戌。當是戊子。

京氏易積算法曰。夫子曰。八卦因伏羲。暨乎神農。重乎八純。聖理元微。易道難究。迄乎西伯父子。研理窮通。上下囊括。推爻考象。配。卦。世。應。加。乎。星。宿。局。於。六。十。四。所。二。十。四。氣。分天地之數。定人倫之理。驗日月之行。尋五行之端。災祥進退。莫不因茲而兆矣。故考天地日月星辰山川草木蟲魚鳥獸之情狀。運氣生死休咎。不可執一隅。故曰易含萬象。

如京說。則今占法所謂納甲、世應、游歸、六親、六神之說。皆始于西伯父子也。此條今京氏易傳無之。載見困學紀聞。案胡一桂云京君明易傳有兩種。其一題云京氏易傳。其間論積算法。亦无起例可推。及卜筮新條例。占求官家宅之類。及列六十四卦。定三百八十四爻斷法。與今下卷同而尤詳備者。

八宮卦次圖

乾 上為世爻不變	姤 一世	遯 二世	否 三世	觀 四世	剝 五世	晉 遊魂	離用	大有 歸魂
震	豫	解	恒	升	井	大過	兌用	隨
坎	節	屯	既濟	革	豐	明夷	坤用	師
艮	賁	大畜	損	睽	履	中孚	巽用	漸
坤	復	臨	泰	大壯	夬	需	坎用	比
巽	小畜	家人	益	无妄	噬嗑	頤	艮用	蠱
離	旅	鼎	未濟	蒙	渙	訟	乾用	同人
兌	困	萃	咸	蹇	謙	小過	震用	歸妹

乾

⚊	上為世爻不變
⚊	五世變剝
⚊	四世變觀
⚊	三世變否下體成坤
⚊	二世變遯
⚊	一世變姤

張行成曰，若上九變。遂成純坤。無復乾性矣。乾之世爻上九不變。九返於四而成離。則明出地上。陽道復行。故遊魂為晉。歸魂於大有。則乾體復於下矣。

震

⚋	上世	不變
⚋	五世	變井
⚊	四世	變升
⚋	三世變恒	下體成巽
⚋	二世	變解
⚊	一世	變豫

坎

⚋	上世	不變
⚊	五世	變豐
⚋	四世	變革
⚋	三世變既濟	下體成離
⚊	二世	變屯
⚋	一世	變節

艮

⚊	上世	不變
⚋	五世	變履
⚋	四世	變睽
⚊	三世變損	下體成兌
⚋	二世變	大畜
⚋	一世	變賁

坤

上世不變　五世變夬　四世變大壯　三世變泰下體成乾　二世變臨　一世變復

張行成曰、若上六變遂成純乾。無復坤性矣。坤之世爻上六不變。六返於四而成坎。則雲上于天。陰道復行。故遊魂之卦為需。歸魂於比。則坤體復於下矣。

巽

上世不變　五世變噬嗑　四世變无妄　三世變益下體成震　二世變家人　一世變小畜

離

上世不變　五世變渙　四世變蒙　三世變未濟下體成坎　二世變鼎　一世變旅

兌

上世不變　五世變謙　四世變蹇　三世變咸下體成艮　二世變萃　一世變困

張行成曰、陰陽相為用。用九以六。故乾之用在離。用六以九。故坤之用在坎。參同契曰、易謂日月。日月合為古文易字。案說文云。秘書日月為易。也。是坎離者。乾坤之妙用。二用無爻位。周流行六虛。是故乾坤互變。坎離不動。當遊魂為變之際。各能還其本體也。經云。乾道變化。各正性命。性。命者。坎離也。言乾坤互變。坎離不動。故云各正。坎為性。離為命。又云、凡八卦遊魂之變。乾坤用坎離。坎離用乾坤。震艮用巽兌。巽兌用震艮。皆為陰陽互用。以至六十四卦。若上爻不變則皆然。是故諸卦祖於乾坤。皆有乾坤之性也。其正以坎離為用者。惟乾坤為然。坎離肖乾坤。故用乾坤。

案乾用離為晉。離用乾為訟。坤用坎為需。坎用坤為明夷。故云乾坤用坎離。坎離用乾坤也。震用兑為大過。兑用震為小過。艮用巽為中孚。巽用艮為頤。故云震艮用巽兑。巽兑用震艮也。若以世變言之。則乾與坤。坎與離。震與巽。艮與兑兩卦陰陽。互相為用也。九四為八純本爻。又在上卦。故曰遊魂。九三復歸本體。在内卦。故曰歸魂。

世應附遊歸

京房易積算法曰。孔子易云有四易。一世二世為地易。三世四世為人易。五世八純八純俗本作六世訛為天易。游魂歸魂為鬼易。易乾鑿度曰。三畫成乾。六畫成卦。三畫已下為地。四畫已上為天。易氣從下生。動於地之下。則應於天之下。動於地之中。則應於天之中。動於地之上。則應於天之上。注云、天氣下降以感地。故地氣動升以應天也。
初以四。二以五。三以上。此之謂應。
又云、天地之氣。必有終始。六位之設。皆由上下。故易始于一。易本無體。氣變而為一。故氣從下生也。分於二。清濁分於二儀。通於三。陰陽氣交。人生其中。故為三才。□□□□□□□盛於五。二壯於地。五壯於天。故為盛也。終於上。
左傳昭五年正義曰、卦有六位。初三五奇數。為陽位也。二四上耦數。為陰位也。初與四。二與五。三與上。位相值。為相應。陽之所求者陰。陰之所求者陽。陽陰相值為有應。陰還值陰。陽還值陽為無應。
干寶易蒙卦注曰、蒙者。離宮陰也。世在四。

謙彖曰、謙亨。九家易曰、艮山坤地。山至高。地至卑。以至高下至卑。故謙也。謙者。兑世。五世、艮與兑合。故亨。

噬嗑、初九、屨校滅趾。干寶曰、屨校。貫械也。初居剛躁之家。震為躁卦體貪狼之性。坎為貪狼。震為陰賊。二者相得而行。故云。以震掩巽。巽五世。故掩巽。強暴之男也。行侵陵之罪。以陷屨校之刑也。

恒彖曰、恒亨。无咎。利貞。久於其道也。荀爽曰、恒。震世也。巽來乘之。震三世。下體成巽。陰陽會合。故通无咎。長男在上。長女在下。夫婦道正。故利貞久于其道也。

解彖曰、天地解而雷雨作。雷雨作而百果草木皆甲宅。荀爽曰、解者。震世也。二世仲春之月。草木萌牙。雷以動之。雨以潤之。日以烜之。故甲宅也。

益六三曰、王用亨于帝吉。干寶曰、聖王先成民而後致力於神。故王用亨于帝。在巽之宮。三世。處震之象。是則倉精之帝同始祖矣。

井卦曰、改邑不改井。干寶曰、水、殷德也。木、周德也。夫井、德之地也。所以養民性命。而清潔之主者也。自震化。行至于五世。震五世卦。改殷紂比屋之亂俗。而不易成湯昭假之法度也。故曰改邑不改井。

豐亨、王假之。勿憂。宜日中。干寶曰、豐。坎宮。陰。世。在。五。以其宜中而憂其側也。坎為夜。離為晝。以離變坎。至于天位。五為天子。日中之象。殷水德坎象晝敗而離居之。周代殷居王位之象也。勿憂者。勸勉之言也。言周德當天人之心。宜居王位。故宜日中。

下繫曰、上古結繩而治。後世聖人易之以書契。百官以治。萬民以察。蓋取諸夬。九家易曰、夬本坤世。五世。下有伏坤書之象也。坤為文。上又見乾。契之象也。乾為金。以乾照坤察之象也。夬者決也。取百官以書治職。萬民以契明其事。契刻也。大壯進而成夬。大壯坤四世。陽進成夬。金決竹木為書契象。故法夬而作書契矣。

劉禹錫辨易九六論曰、董生述畢中和之語云。國語晉公子親筮之。曰。尚有晉國。得貞屯悔豫。皆八。按坎二世而為屯。屯、六二為世爻。震一世。而為豫。豫之初為世爻。屯之二。豫之初。皆少陰

不變。故謂之八。兩卦至歸魂始變為九

京房乾傳曰、精粹氣純。是為游魂。陸績曰、為陰極剥盡陽道。不可盡滅。故返陽道。道不復本位為游魂。例八卦。

先曾王父樸菴先生易說諱有聲字律和曰、碩果不食。故有游歸。又曰、陰陽代謝。至於游魂。繫云。精氣為物。游魂。為變。是故知鬼神之情狀。樸菴先生曰。此易緯以游歸為鬼易也。

乾彖曰、大明終始。荀爽曰、乾起坎。而終於離。坤起離。而終於坎。離坎者。乾坤之家。而陰陽之府。故曰大明終始。

家君曰、乾遊魂於火地。歸魂於火天。故曰終於離。坤游魂於水天。歸魂於水地。故曰終於坎。

干寶序卦注曰、需。坤。之。游。魂。也。雲升在天而雨未降。翱翔東西之象也。王事未至。飲食之日也。夫坤者地也。婦人之職也。百穀果蓏之所生。禽獸魚鼈之所託也。而在游魂變化之象。即烹爨腥實以為和味者也。故曰需者飲食之道也。

又訟卦注曰、訟。離。之。游。魂。也、離為戈兵。此天氣將刑殺。訟主八月。聖人將用師之卦也。

隨彖曰、隨。剛來而下柔。動而說。隨、大亨貞无咎。荀爽曰、隨者震之。歸。魂。震。歸。從。巽。故大通。震三世下體成巽。至歸魂始復本體。動爻得正。故利貞。陽、降陰升。嫌、於有咎。動而得正。故无咎。

蠱彖曰、蠱、元亨。而天下治也。荀爽曰、蠱。者、巽。也。巽。歸。合。震。巽三世至游魂皆震也。故元亨也。蠱者事也。備物致用。故天下治也。姤彖曰、天地相遇。品物咸章也。荀爽曰、謂乾成於巽。而舍於離。坤出於離。與乾相遇。南方夏位。萬物章明也。九家易曰、謂陽起子。運行至四月。六爻成乾。巽位在巳。故言乾成於巽。既成。轉舍于離坤。萬物皆盛大。從離出。與乾相遇。故言天地遇也。家君曰、乾一世外卦。四世內卦。皆巽也。故言乾成于巽。遊魂于火地晉。故言舍于離坤。歸魂于火天大有。故言出于離與乾相遇。又案巽本宮四月卦也。一世外卦四世內卦皆乾也。知巽亦成于乾。

飛伏

朱子發曰。凡卦見者為飛。不見者為伏。飛方來也。伏既往也。說卦巽。其究為躁卦。例飛伏也。太史公律書曰。冬至。一陰下藏。一陽上舒。此論復卦初爻之伏巽也。六十卦飛伏。詳京房易傳。

唐六典曰。凡易用四十九筭。分而揲之。凡十八變而成卦。又視卦之八氣。王、相、囚、死、胎、没、休、廢。及飛伏世應而使焉。

京房易傳曰。夏至起純陽。陽爻位伏藏。冬至陽爻動。陰氣凝地。

乾初九。潛龍勿用。象曰。潛龍勿用。陽在下也。朱子發曰。左傳蔡墨曰。在乾之姤。曰潛龍勿用。初九變坤。下有伏震。潛龍也。此與漢易異。

坤上六。龍戰于野。荀爽曰。消息之位。坤在於亥。下有伏乾。為其兼（王弼改作嫌）于陽。故稱龍也。

睽彖曰、說而麗乎明。柔進而上行。得中而應乎剛。仲翔曰、剛謂應。乾。五。伏。陽非應二也。與睽五同義也。

鼎彖曰、柔進而上行。得中而應乎剛。是以元亨。仲翔曰、柔謂五得上中。應。乾。五。剛。（亦是伏陽）巽為進。震為行。非謂應二剛。與睽五同義也。

坤文言曰、易曰、履霜堅冰至。蓋言順也。荀爽曰、霜者。乾之命令。坤。下。有。伏。乾。履霜堅冰。蓋言順也。乾氣加之性而（讀為能猶耐也）堅象臣順君命而成之。

又曰、陰雖有美含之。以從王事。弗敢成也。荀爽曰、六三陽位。下。

有伏陽。坤陰卦也。雖有伏陽，含藏不顯，以從王事，要待乾命，不敢自成也。

困象曰、君子以致命遂志。虞仲翔曰、君子謂三伏陽也。

案六三戊午火，故云伏陽。

繫辭上曰、樂天知命，故不憂。荀爽曰坤建於亥，乾立於巳，陰陽孤絶，其法宜憂。坤下有伏乾，為樂天。乾下有伏巽，為知命。巽為命，陰陽合居，故不憂。

繫辭下曰、龍蛇之蟄，以全身也。仲翔曰、蟄，潛藏也。龍潛而蛇藏。陰息初，巽為蛇；陽息初，震為龍。十月坤成，十一月復生，姤巽在下，龍蛇俱蟄。初坤為身，故以全身也。

又云利用安身以崇德也。九家易曰利用陰道用也。謂姤時也。陰升上究則乾伏坤中屈以求信陽當復升安身默處也。

貴賤

乾鑿度曰初為元士。在位卑下二為大夫。三為三公。四為諸侯。五為天子。上為宗廟。宗廟人道之終。凡此六者陰陽所以進退君臣所以升降萬民所以為象則也。

坤六三或從王事。干寶曰陽降在四。自否來三公位也。陰升在三。三公事也。

訟上九或錫之鞶帶。荀爽曰鞶帶宗廟之服。三應於上。上為宗廟。故曰鞶帶也。

師上六、大君有命。開國承家。干寶曰、離上九曰。王用出征。有嘉折首。上六爲宗廟。武王以文王行。故正開國之辭於宗廟之爻。明己之受命文王之德也。

解上六、公用䠶隼。仲翔曰、上應在三。公謂三。伏陽也。

損彖曰、曷之用。二簋可用享。荀爽曰、二簋。謂上體二陰也。上爲宗廟。簋者宗廟之器。故可享獻也。

益六三、有孚中行。告公用圭。仲翔曰、公謂三伏陽也。三公位。乾爲圭。圭、玉也。乾爲玉。乾之二。故告公用圭。卦自否來。故稱乾。

巽上九、巽在牀下。九家易曰、上爲宗廟。禮、封賞出軍。皆先告廟。然後受行。三軍之命。將之所專。故曰巽在牀下也。

繫辭下曰、二與四同功而異位。崔憬曰、二主士大夫位佐於一國四主三孤三公牧伯之位佐於天子皆同有助理之功也二士大夫位卑。四孤公牧伯位尊。故有異也。

又云、三與五同功而異位。崔憬曰、三諸侯之位、五天子之位、同有理人之功。而君臣之位異者也。

爻等

繫辭下曰、爻有等。故曰物。干寶曰、等羣也。爻中之義羣物交集。五星四氣六親九族福德刑殺衆形萬類皆來發於爻。故摠謂之物也。

京房乾卦傳曰、水配位爲福德。陸績曰甲子水是乾之子孫。木入金鄉居寶貝。甲寅木乾之財。土臨内象為父母。甲辰土乾父母。火來四上嫌相敵。壬午火乾官鬼。金入金鄉木漸微。壬申金同位傷木。

京房易積算法曰、孔子曰、八卦鬼為繫爻。財為制爻。天地為義爻。陸績曰、天地。即父母也。福德為寳爻。福德即子孫也。同氣為專爻。兄弟爻也。

抱朴子引靈寳經。周秦時書。謂支干上生下曰寳日。原注甲午乙巳是也。下生上曰義。壬申癸酉是也。上克下曰制日。戊子己亥是也。下克上曰伐。日甲甲申乙酉是也。上下同曰專日。又云、入山當以保日及義日若專日者。大吉。以制日伐日。必死。

淮南天文曰、子生母曰義。母生子曰保。與寳通。子母相得曰專。母勝子曰制。子勝母曰困。困即繫也。以勝擊殺勝而無報。以專從事而有功。以義行理。名立而不墮。以保富養萬物蕃昌。以困舉事。破滅死亡。淮南之說。與京房及靈寶經合。蓋周秦以來相傳之法。九師言易。安知不用是為占歟。師法用辰不用日故京易止據辰也

參同契曰。水以土為鬼。

今占法。水以土為官。以火為妻。案左傳曰。火。水妃也。蓋從所勝者名之。故鄭康成注尚書鴻範曰。木。八。為金。九。妻也。

比六三。比之匪人。象曰。比之匪人。不亦傷乎。干寶曰。六三。乙卯。坤。之鬼。吏在比之家。有土之君也。周為木德。卯為木。辰同姓之國也。爻失其位。辰體陰賊。卯木以陰氣賊害土故為陰賊管蔡之象也。比建萬國。唯去此人。故曰比之匪人。不亦傷王政也。

小畜九五象曰。有孚攣如。不獨富也。九家易曰。有信下三爻也。體巽。故攣如。如謂連接其鄰。鄰謂四也。五以四陰作財。卦體木。六四辛未土。乃制也。故為財。爻與下三陽共之。故曰不獨富也。

隨初九。官有渝。此易經官爻之明文。貞吉。出門交有功。九家易曰。渝變也。謂陽來居初。德正為震。震為子。得土之位。故曰官也。陰陽出門。相與交通。陰往之上。亦不失正。故曰貞吉而交有功。

先儒皆以隨為否上之初。初柔升上。是乾之上九居坤初為震。坤之初六升乾上而為兌也。震初庚子水。得坤初乙未土之位。故曰官有渝。水以土為官鬼。官鬼變則吉也。上本陰位。故陰往之上。亦不失正。

漢書、王莽傳曰、太后聽公卿采莽女。有詔遣大司徒大司空策告宗廟。雜加卜筮。皆曰兆。遇金水王相、服虔曰、卜法。横者為土。立者為木。邪向經者為金。背經者為火。因兆而細曲者為水。孟康曰金水相生也。卦。遇父母得位。父母者。京房所謂天地爻也。皇后母天下。父母得位。故吉。所謂康強之占。逢吉之符也。

貞悔

尚書鴻範曰、曰貞曰悔。又云、卜五占用。句 二衍忒。句 鄭氏曰二衍忒。謂貞悔也。

左傳僖九年曰、秦伯伐晉。卜徒父筮之。其卦遇蠱。曰、蠱之貞。風也。其悔。山也。

晉語曰、公子親筮之。曰、尚有晉國。得貞屯悔豫。皆八。韋昭曰、震在屯爲貞。在豫爲悔。

京房易傳曰。静爲悔。發爲貞。

唐六典曰。凡内卦爲貞。朝占用之。外卦爲悔。暮占用之。

胡氏炳文曰。乾上九外卦之終曰有悔。坤六三内卦之終曰可貞。

貞悔二字。豈非發諸卦之凡例歟。

易漢學卷五

京君明易下

東吳　惠　棟　定宇

五行

京房易積算法曰、寅中有生火。孟康曰、南方火。火生於寅。盛於午。亥中有生木。東方木。木生於亥。盛於卯。巳中有生金。西方金。金生于巳。盛于酉。申中有生水。北方水。水生于申。盛于子。詩緯含神霧曰、集微揆著。上統元皇。下序四始。羅列五際。推度災曰、建四始五際而八節通。汎歷樞曰、午亥之際為革命。卯酉之際為改正。辰在天門。出入候聽。亥水始也。寅木始也。巳、火始也。申、金始也。丑中有死金。孟康曰、丑窮金也。戌中有死火。戌窮火也。未中有死木。未、窮木也。說文曰、五行木老於未。辰中有死水。辰、窮水也。土兼於中。此即後世術家長生訣之先河也。長生訣有十二辰見唐六典淮南天文曰、凡日甲剛乙柔。丙剛丁柔。以至于癸。木生于亥。壯於卯。死於未。三辰皆木也。火生于寅。壯于午。死于戌。三辰皆火也。土生於午。壯於戌。死於寅。三辰皆土也。金生於巳。壯於酉。死於丑。三辰皆金也。水生於申。壯於子。死於辰。三辰皆水也。故五勝生一。壯五。終九。

案乾鑿度言物有始。有壯。有究。即生一壯五終九之説。

高堂隆議臘用日云、王者各以其行之盛而祖。以其終而臘。水始於申。盛於子。終於辰。故水行之君。以子祖。以辰臘。火始於寅。盛於午。終於戌。故火行之君。以午祖。以戌臘。木始於亥。盛於卯。終於未。故木行之君。以卯祖。以未臘。金始於巳。盛於酉。終於丑。

故金行之君。以酉祖。以丑臘。土始於未。盛於戌。終於辰。故土行之君。以戌祖。以辰臘。　博士秦靜議、易曰。坤為土。土為西南。盛德在未。故大魏以未祖。戌者。歲終日窮之辰。不宜以為歲初祖祭之行始也。易曰、坤利西南得朋。東北喪朋。丑者。土之終。故以丑臘。終西復始。乃終有慶。宜如前以未祖丑臘。通典四十四

翼奉上封事曰。北方之情好也。好行貪狼。申子主之。孟康曰、水性觸地而行。觸物而潤。多所好。故多好。則貪而無厭。故為貪狼也。東方之情怒也。怒行陰賊。亥卯主之。木性受水氣而生。貫地而出。故為怒。以陰氣賊害土。故為陰賊也。貪狼必待陰賊而後動。陰賊必待貪狼而後用。二陰並行。是以王者忌子卯也。禮經避之。春秋諱焉。李奇曰、北方陰也。卯又陰賊。故為二陰。王者忌之。不舉樂。張晏曰、子刑卯。卯刑子。相刑之日。故以為忌。

南方之情惡也。惡行廉貞。寅午主之。孟康曰、火性炎猛。無所容受。故為惡。其氣精專嚴整。故為廉貞也。西方之情喜也。喜行寬大。己酉主之。金之為物。喜以利刃加於萬物。故為喜。利刃所加。無不寬大。故曰寬大也。二陽並行。是以王者吉午酉也。詩曰。吉日庚午。上方之情樂也。樂行姦邪。辰未主之。上方。謂北與東也。陽氣所萌生。故為上。辰、窮水也。未、窮木也。翼氏風角曰。木落歸本。水流歸末。故木利在亥。水利在辰。盛衰各得其所。故樂也。水窮則無隙不入。木上出。窮則旁行。故為姦邪。棟案水利在辰。辰當作申。下方之情哀也。哀行公正。戌丑主之。下方。謂南與西也。陰氣所萌。故為下。戌、窮火也。丑、窮金也。翼氏風角曰。金剛火強也。各歸其鄉。故火刑于午。金刑於酉。酉午。金火之盛也。盛時而受刑。至窮無所歸。故曰哀也。火性無所私。金性方剛。故曰公正。辰未屬陰。戌丑屬陽。萬物各以其類。

五行休王論

御覽曰。立春。艮王。震相。巽胎。離沒。坤死。兌囚。乾廢。坎休。立夏。巽王。离相。坤胎。兌沒。乾死。坎囚。艮廢。震休。立秋。坤王。兌相。乾胎。坎沒。艮死。震囚。巽廢。离休。立冬。乾王。坎相。艮胎。震沒。巽死。离囚。坤廢。兌休。唐六典以王相囚死胎没休廢爲卦之八氣

王充論衡所載略同。又云、王之衝死。相之衝囚。王相衝位有死囚之氣也。京房易占曰、夏至离王。景風用事。人君當爵有德。封有功。立秋坤王。涼風用事。依休王論。离王之离當作巽。

淮南墬形曰、木壯。水老。火生。金囚。土死。火壯。木老。土死生。水囚。金死。土壯。火老。金生。木囚。水死。金壯。土老。水生。火囚。木死。水壯。金老。木生。土囚。火死。

太元曰、五行用事者王。王所生相。故王廢。勝王囚。王所勝死。

占驗

易緯辨終備曰、魯人商瞿使向齊國。瞿年四十。今後使行遠路。畏慮。恐絕無子。夫子正月與瞿母筮。告曰。後有五丈夫子。子貢曰。何以知。子曰、卦遇大畜。艮之二世。九二甲寅木為世立。立□五景丙子水為應。世生外象生象来爻生互內象。艮別子應有五子。一子短命。顏回云、何以知之。內象是本子一艮變為二醜三陽爻五於是五一子短命何以知短命他以故也有缺誤

繫辭下曰、凡易之情。近而不相得則凶。或害之。朱子語類曰、凶或害之。如火珠林占法。凶神動。與世不相關。不能為害。惟是克世。則為害。

漢書西域傳、武帝詔曰、古者卿大夫與謀。參以蓍龜。不吉不行。迺者匈奴縛馬前後足。不詳祥甚哉。易之卦得大過。爻在九五。匈奴困敗。公車方士太史治星望氣及太卜蓍龜。皆以爲吉。匈奴必破。今計謀卦兆皆反謬。程舜俞集筮法師春曰大過。木兆卦也。外克內。應克世之兆。所以敗也。

案大過震游魂。故云木兆卦。五動又成震。初六辛丑土。乃震之財。故云外克內。然大過九四丁亥水也。而受制于辛丑之土。九四立世。初六爲應。故云應克世。當時諸臣以漢爲內卦。匈奴爲外卦。故皆云吉。而實反謬也。

干寶晉紀曰、陸抗之克步闡。皓意張大。乃使尚廣筮幷天下。遇同人之頤。對曰。吉。庚子歲。青蓋當入洛陽。

案頤與游魂也。六四丙戌主世。初九庚子為應。震為木。故云青蓋。朱子發曰。庚子。震初爻也。震少陽數七。鳳皇元年至天紀四年春三月。吳入晉。實七年。

南史曰。梁大同中。同泰寺災。帝召太史令虞履筮之。遇坤之履。曰。無害。其繇曰。西南得朋。東北喪朋。安貞吉。文言曰。東北喪朋。乃終有慶。帝曰。斯魔也。酉應見卯。金來克木。卯。

案坤上六癸酉立世。六三乙卯為應。故曰酉應見卯。

邱悦三國典略曰。齊趙翅輔和明易善筮。有人父疾。輔和筮之。遇乾之晉。告之以吉。退而謂人曰。乾為父天。變魂而昇於天。能無死也。果如其言。

梁元帝金樓子自叙曰、初至荆州卜雨。聊附見首末。孟秋之月。亢陽日久。月旦雖雨。俄尔便晴。有人曰、諺云。雨月額千里赤。蓋旱之徵也。吾乃端莢拂著。遇動不動。既而言曰。庚子爻為世於金七月建申。申子辰。又三五合。必在此月五日。庚子。果值甘雨。余又以十七日筮。（何）於時雲卷金翅。日輝合璧。紅塵暗陌。丹霞映峙。謂亢陽之勢。未霑膏澤。筮遇坎之比。於是輟著而嘆曰。坎者水也。子爻為世。（戊子水）坎上九其在金今夜三更。平地上有水。稱之為比。其方有甘雨乎。欣然有自得之志。宋本御覽七百卅八

後漢司徒魯恭、引易曰有孚盈缶。終來有它吉。言甘雨滿我

之吉。誠來有它而吉已。元帝以比有甘雨。本此。

又曰姚文烈善龜卜謂余曰此二十一日將雨其在虞淵之時余乃筮之遇謙之小過既言曰坤艮二象俱在土宮非直無雨乃應開霽俄而星如玉李月上金波霧生猶縠河帶似帶余乃欣然七百廿八

京氏占風雨寒温

漢書天文志曰月為風雨。日為寒温。

王充論衡曰易京氏布六十四卦於一歲中。六日七分一卦用事。卦有陰陽。氣有升降。陽升則温。陰升則寒。寒温。隨卦而至。

漢書京房傳曰房治易事梁人焦延壽延壽字贛其說長於災

變分六十四卦更值日用事以風雨寒溫為候各有占驗房用之尤精

易乾鑿度曰太初者。氣之始。鄭康成注云太初之氣。寒。溫。始。生。也。

鄭康成注易通卦驗曰春三月候卦氣者。泰也。大壯也。夬也。皆九三上六。朱子發曰坎九五上六泰震初九六二大壯震六貞三夬夏三月候卦氣者。乾也。姤也。遯也。皆九三上六。震九四九五乾震上六離初九姤離六三九三遯秋三月候卦氣者。否也。觀也。剝也。皆六三上九。離九四六五否離上九兌初九觀兌九二六三剝冬三月候卦氣者。坤也。復也。臨也。皆六三上六。兌九四九五坤兌上六坎初六復坎九二六三臨魏正光歷曰、九三應上九。清淨微温陽風。九三應上六。絳赤絳一作降決温陰雨。六三應上六。白濁微寒陰雨。六三應上九。麴塵決寒陽風。諸卦上有陽爻者陽風。上有陰爻者陰雨。

易緯稽覽圖曰、有實無貌。屈道人也。有貌無實。佞人也。康成注曰、有寒温。無貌濁清靜。與淨通。此賢者屈仕于不肖君也。有貌濁清靜。無寒温。此佞人以便巧仕於世也。

孟長卿說易本于氣。而後以人事明之。風雨寒温。氣也。道人佞人。以人事明之也。

京房上封事曰、臣前以六月。言遯卦不効。効、見也。法曰。道人始去。寒涌水為災。至其七月涌水出。臣弟子姚平謂臣曰。房可謂知道。未可謂信道也。房言災異。未嘗不中。今涌水已出。道人當逐死。尚復何言。

案遯。六月辟卦也。道人有寒溫。無貌濁清靜。道人去。佞人來。有貌濁清靜。而無寒溫。是以辟卦不効。當溫反寒。而有涌水之災。

郎顗上便宜七事曰。去年已來。兌卦用事。類多不効。易傳曰。有貌無實。佞人也。有實無貌。道人也。寒溫爲實。清濁爲貌。今三公皆令色足恭。外厲内荏。以虛事上。無佐國之實。故清濁効。而寒溫不効也、是以陰寒侵犯消息。占曰。日乘則有妖風。日蒙則有地裂。如是三年。則致日食。陰侵其陽。漸積所致。立春前後溫氣

應節者詔令寬也其後復寒者無寬之實也

史記言絳侯東陽侯兩人言曾不能出口此有實無貌者也

嗇夫喋喋利口捷給此有貌無實者也

京房上封事曰乃丙戌小雨丁亥蒙氣去然少陰并力而乘消息戊子益甚到五十分蒙氣復起此陛下欲正消息雜卦之黨并力而爭消息之氣不勝彊弱安危之機不可不察己丑夜有還風盡辛卯太陽復侵色至癸巳日月相薄此邪氣同力而太陽為之疑也孟康注曰諸卦氣以寒溫不効後九十一日為還風還風暴風也風為教令言正令還也

京房易傳曰潛龍勿用衆逆同志至德乃潛厥異風初九坤之復坤亂于

上故衆逆同志乾陽隱初故至德乃潛坤為土風屬土故厥巽風其風也行不解物不長雨小
而傷陽息至二體兑兑為澤故雨小為毀折故傷政悖德隱茲為亂坤反為君道故為亂厥風
先風不雨消息無坎故先風不雨大風暴起發屋折木、守義不進、茲為眊
厥風與雲俱起、折五穀莖、臣易上政、茲謂不順、厥風大焱發屋、
賦斂不理、茲謂禍、厥風絕經緯、坎離為經、震兑為緯絕經緯、四時不正也、止即溫、溫
即蟲、侯專封、侯卦也、茲謂不統、厥風疾而樹不搖、穀不成、辟不思
道利、辟卦也、茲謂無澤、厥風不搖木、旱無雲、傷禾、公常於利、三為三公、
茲謂亂、厥風微而溫、生蟲蝗、害五穀、弃正作淫、茲謂惑、厥風溫、
螟蟲起、害有益人之物、侯不朝、侯卦茲謂叛、厥風無恒、地變赤而
殺人、

郎顗詣闕拜章曰。今立春之後。火卦用事。當温而寒。違反時節。易緯稽覽圖曰。侵消息者。或陰專政。或陰侵陽。康成注云。温卦以温侵。寒卦以寒侵。陽者君也。陰者臣也。專君政事。亦陰侵陽也。

參同契曰。君子居室。順陰陽節。藏器俟時。勿違卦月。謹候日辰。審察消息。纖介不正。悔吝為賊。憂悔吝者存乎介介纖介也。二至改度。乖錯委曲。隆冬大暑。盛夏霜雪。二分縱横。不應漏刻。水旱相代。風雨不節。蝗蟲湧沸。羣異旁出。皆卦氣悖亂之徵。

郎顗七事曰。今春當旱。夏必有水。以六日七分候之可知。

樊毅脩華嶽碑曰。風雨應卦。滋潤萬物。

東觀漢記曰、沛獻王輔。善京氏易。永平五年。京師少雨。上御雲臺自卦。以周易林占之。其繇曰。蟻封穴户。大雨將時。一作至。上以問輔。輔上書曰。蹇艮下坎上。艮為山。坎為水。山出雲為雨。蟻穴居。知雨將至。故以蟻為興。御覽十卷又七百二十七卷

周易集林雜一作象占曰、占天雨否。外卦得陰為雨。得陽不雨。其爻發變得坎為雨。得離不雨。巽化為坎。先風後雨。坎化為巽。先雨後風。御覽初學記

易通卦驗曰。乾得坎之蹇。則當夏雨雪。御覽十二卷

蒙氣

易蒙彖曰、初筮告。以剛中也。再三瀆。瀆則不告。瀆蒙也。荀爽曰、

再三。謂三與四也。乘陽不敬。故曰瀆。瀆不能尊陽。蒙氣不除。故曰瀆蒙也。

易緯稽覽圖曰日食之比陰得陽。蒙之比也。比音庇陰冒陽也。康成注云蒙氣也。比非一也。邪臣謀覆冒其君。先霧從夜昏起。或從夜半。或平旦。君不覺悟。日中不解。遂成蒙。君復不覺悟。下為霧也。

郎顗曰易内傳曰久陰不雨。亂氣也。蒙之比也。蒙者。君臣上下相冒亂也。後漢書本傳

京房上封事建昭三年二月朔曰辛酉以來蒙氣衰去。己卯。臣拜太守。迺辛巳。蒙氣復來卦。太陽侵色。此上大夫覆陽而上意疑也。

房至陝。復上封事曰。乃丙戌小雨。丁亥蒙氣去。然少陰并力而乘消息。戊子益甚。到五十分。蒙氣復起。孟康曰、分。一日為八十分。分起夜半。是為戊子之日。日在巳西而蒙也。蒙常以晨夜。今向中而蒙起。是臣黨盛。君不勝也。

後漢書、黃瓊上疏順帝曰。閒者以來卦位錯繆。寒燠相干。蒙氣數興。日闇月散。原之天意。殆不虛然。

京房易傳曰、有蜺蒙霧。霧、上下合也。蒙如塵。臣私祿及親。茲謂罔辟。辟卦君也。厥異蒙。其蒙先大溫。已蒙起。日不見。行善不請于上。茲謂作福。蒙一日五起五解。辟不下謀。臣辟異道。臣指雜卦。茲謂不見。蒙下霧風三變而俱解。立嗣子疑。茲謂動欲。繼嗣不定。蒙赤日不明。德不序。茲謂不聽。蒙日不明溫而民病。德不試。茲謂主窳臣夭。君惰窳。用人以次第爲夭。不蒙起而白。君樂逸人。茲謂放。蒙日青黑雲夾日左右前後過日。公不任職。公卦茲謂怙祿。蒙三日。又大風五日。蒙不解。利邪以食。茲謂閉上。蒙大起白雲如山行蔽日。公懼不道。茲謂蔽一作閉下同下。蒙大起日不見。若雨不雨。至十二日解。雨卦而有大雲蔽日。祿生於下。茲謂誣君。蒙微而小雨。已乃大雨。下相攘善。茲謂盜明。蒙黃濁。下陳功求於上。茲謂不知。蒙微而赤。風鳴條。解復蒙。下專刑。茲謂分威。蒙而日不得明。大臣厭小臣。茲謂蔽。蒙微日不明。若解不解。大風發。赤雲起而蔽日。衆不惡惡。茲謂蔽。蒙尊卦用事。孟康曰。尊卦。乾坤也。臣瓚曰。京房謂之方伯卦。震兌坎離也。師古曰。孟說是。

三日而起。日不見。漏言亡喜。茲謂下厝。（千各反）蒙微日無光有雨雲雨不降。廢忠惑佞。茲謂亡。蒙天先清而暴蒙微而日不明。有逸民。茲謂不明。蒙濁奪日光。公不任職。茲謂不絀。蒙白三辰止則日青。青而寒。寒必雨。忠臣進善。君不試。茲謂遏。蒙先小雨。雨已。蒙起微而日不明。惑衆在位。茲謂覆國。蒙微而日不明。一溫一寒。風揚塵。知佞厚之。茲謂庳。蒙甚而溫。君臣故弼。（弼，相戾也。）茲謂悖。厥災風雨霧。風拔木。亂五穀已而大霧。庶正蔽惡。茲謂生孽災。厥異霧。此皆陰雲之類云。

世卦起月例

胡一桂京易起月例曰：一世卦。陰主五月。一陰在午也。陽主十一月。一陽在子也。二世卦。陰主六月。二陰在未也。陽主十二月。二陽在丑也。三世卦。陰主七月。三陰在申也。陽主正月。三陽在寅也。四世卦。陰主八月。四陰在酉也。陽主二月。四陽在卯也。五世卦。陰主九月。五陰在戌也。陽主三月。五陽在辰也。八純上世。陰主十月。六陰在亥也。陽主四月。六陽在巳也。遊魂四世。所主與四世卦同。歸魂三世。所主與三世同。

干寶注蒙彖曰、蒙者。離。宮。陰。也。世在四。八月之時。降陽布德。薺麥並生。陽胎于酉仲而息來在寅。息消息故。蒙。於。世。為。八。月。於消息為正月卦也。四世卦。陰主八月。

又注比彖曰。比。坤之歸魂也。亦。世。於。七。月。而息來在巳。義與師

同也。三世卦。陰主七月

卦身考

震六二、震來厲。干寶曰、六二木爻。震之身也。得位無應。而以乘剛為危。

案震為木。六二庚寅亦木也。故曰震之身。然則乾之九四壬申金。坎巽离之上九戊子水。辛卯木。己巳火。兑之九五丁酉金。皆身也。坤艮有二身。坤初六乙未六五癸丑艮初六丙辰六四丙戌皆土也所未詳也。

洞林曰、揚州從事慎曜伯婦病、其兄周彥武令吾作卦、得蹇、身在戌土。與坎鬼并。卦中當有從東北田家市黑狗畜之。以代人

任患。御覽九百六

案蹇兌宮陰也。世在四。戌土。謂九五戊戌土。此世在四者。以五為身。與干寶異。坎鬼者六二丙午火。兌之鬼。爻又互坎。故云與坎鬼并。云東北田家市黑狗畜之以代人任患者。艮東北之卦。蹇從觀來。觀坤為田。二為家。觀巽為近市。坤為黑。艮為狗。故云東北田家市黑狗。身在戌土。戌亦狗也。故云畜之以代人任患。景純之説。猶是漢學。

郭洞林又以世為身。洞林曰、義興郡丞叔寶、得傷寒疾、積日危困、令卦、得遯之姤、其林曰、卦象出墓氣家囚。艮為乾墓世主丑在故卜時五月申金囚變身見絶鬼潛遊。身在丙午夏。入爻墓充刑鬼煞俱戌為辛亥在五月。鬼墓而

初六為戌刑刑在占故言充刑五月白虎在卯與月煞并也卜病得此歸嵩邱。誰能救之坤
上牛。以卜爻見丑為牛亥為子能扶身克鬼之厭虎煞上令伏不動若依子色吉之尤。巽主辛丑丑為
白虎金色復徵以和解鬼及虎煞皆相制也
案丙午世也。注云身在丙午夏。是以世為身也。辛亥子也。丙
午變之。午本鬼也。變以扶身。可以伏鬼。

以錢代蓍

儀禮士冠禮曰筮與席所卦者鄭注云所卦者所以畫地記爻
易曰六畫而成卦賈疏曰筮法依七八九六之爻而記之但古
用木畫地今則用錢古謂三代今謂漢以後以三少為重錢重錢則九也
三多為交錢交錢則六也兩多一少為单錢單錢則七也兩少

一多為坼錢坼錢則八也案少牢曰卦者在左坐卦以木故知古者畫卦以木也

唐六典曰凡易之策四十有九注云用四十九算分而揲之其變有四一曰單爻二曰拆爻三曰交爻四曰重爻凡十八變而成卦案此揲蓍亦用交單重拆之説

胡一桂筮法變卦説平菴項氏曰以京易考之世所傳火珠林者即其法也以三錢擲之兩背一面為坼即兩少一多少陰爻也兩面一背為單即兩多一少少陽爻也俱面為交交者坼之聚即三多老陰爻也俱背為重重者單之積即三少老陽爻也盖以錢代蓍一錢當一揲此後人務徑截以趨卜肆之便而本

意尚可考
唐于鵠江南曲曰衆中不敢分明語暗擲金錢卜遠人
朱子語類六十六卷曰今人以三錢當揲蓍此是以納甲附六爻納
甲乃漢焦贛京房之學
又云南軒家有真蓍云破宿州時得之又曰南軒語卜易卦以錢
以甲子起卦始于京房

火珠林

張行成元包數總義曰揚子雲太玄其法本於易緯卦氣圖衛
先生元包其法合於火珠林卦氣圖之用出於孟喜章句火珠
林之用祖於京房。。

又云火珠林以八卦為主。四陰對四陽。所謂天地定位、山澤通氣雷風相薄、水火不相射、其於繫辭則說卦之義也、

朱子語類曰魯可幾曰古之卜筮恐不如今日所謂火珠林之類否曰以某觀之恐亦自有這法如左氏所載則支干納音配合之意似亦不廢如云得屯之比既不用屯之辭亦不用比之辭卻自別推一法恐亦不廢道理也

又曰火珠林猶是漢人遺法

又曰七十七卷伊川說未濟男之窮為三陽失位以為斯義得之成都隱者見張欽夫說伊川之在涪也方讀易有箍桶人以此問伊川伊川不能荅其人云三陽失位火珠林上已有伊川不曾

雜書所以被他說動了

又曰六十六卷易中言帝乙歸妹箕子明夷高宗伐鬼方之類疑皆當時帝乙高宗箕子曾占得此爻故後人因而記之而聖人以入爻也如漢書大橫庚庚余爲天王夏啟以光亦是啟曾占得此爻也火珠林亦如此

陳振孫書目題解曰今賣卦者擲錢占卦盡用此書

季本曰火珠林者出於京房而爲此書者不知何人

困學紀聞曰納甲之法朱文公謂今所傳京房占法見於火珠林是其遺說

鄭氏周易爻辰圖

子
黃鍾
乾初九
丑
大呂
坤六四
寅
大蔟
乾九二
卯
夾鍾
坤六五
辰
姑洗
乾九三
巳
中呂
坤上六
午
蕤賓
乾九四
未
林鍾
坤初六
申
夷則
乾九五
酉
南呂
坤六二
戌
無射
乾上九
亥
應鍾
坤六三

周易乾鑿度曰。乾。陽也。坤。陰也。並如而交錯行。乾貞於十一月子。左行陽時六。（鄭康成注云。貞。正也。初爻以此為次爻。左右者各從次數之。）為坤貞於六月未。（乾坤陰陽之主。陰退一辰。故貞於未。）陰右行陰時六。以順成其歲。歲終從於屯蒙。（歲終則從其次屯蒙需訟也。）又云。陰卦與陽卦同位者。退一辰。以未為貞。其爻右行。間時而治六辰。（陰陽同位。陰退一辰。謂左右交錯相避。）棟案乾鑿度之說。與十二律相生圖合。鄭于周禮太師注云。黃鍾初九也。下生林鍾之初六。林鍾又上生太蔟之九二。太蔟又下生南呂之六二。南呂又上生姑洗之九三。姑洗又下生應鍾之六三。應鍾又上生蕤賓之九四。蕤賓又上生大呂之六四。大呂又下生夷則之九五。夷則又上生夾鍾之六五。夾鍾又下生無射之上九。無射又上生中呂之上六。韋昭注周語云、十一月。黄鍾乾初九也。十二月大呂。坤六四也。正月太蔟。乾九二也。二月夾鍾。坤六五也。三月姑洗。乾九三也。四月中呂。坤上六也。五月蕤賓。乾九四也。六月林鍾。坤初六也。七月夷則。乾九五也。八月南呂。坤六二也。九月無射。乾上九也。十月應鍾。坤六三也。鄭氏注易陸績注太元。皆同前説。是以何妥文言注。以初九當十一月。九二當正月。九三當三月。九四當五月。九五當七月。上九當九月也。宋儒朱子發作十二律圖。六二在巳。六三在卯。六五在亥。上六在酉。是坤貞于未。而左行。其誤甚矣。今作圖以正之。並附鄭氏易説于後。

爻辰所值二十八宿圖

氐房心尾箕斗牛女虛危室壁奎婁胃昴畢
六五 卯 春分
驚蟄
九二 寅 雨水
立春
六四 丑 大寒
小寒
初九 子 冬至
大雪
六三 亥 小雪
立冬
上九 戌 霜降
寒露
六二 酉 秋分
白露
清明

右圖。朱子發云、子、寅、辰、午、申、戌、陽也。乾之六位。未、巳、卯、丑、亥、酉、（此亦誤。當云未、酉、亥、丑、卯、巳。所謂右行陰時六也。）陰也。坤之六位。位之升降。不違其時。故曰大明終始。六位時成。棟案康成注月令云、正月宿直尾箕。八月宿直昴畢。六月宿直鬼。（又云、六月宿直東井。）九月宿直奎。十月宿直營室。又云、卯宿直房心。（二月）申宿直參伐。（七月）又注季冬云、此月之中。日歷虛危。參同契曰、青龍處房六兮。春花震東卯。白虎在昴七兮。秋芒兌西酉。朱雀在張二兮。離南午。又云、含元虛危。播精於子。皆與圖合。若以日所歷言之。則右行而周二十八舍。明堂月令所謂孟春之月。日在營室是也。與此不同。

鄭氏易

康成以爻辰說易。其書已亡。間見于唐人正義者。采以備攷。

坤文言曰。陰疑於陽必戰。為其慊於陽王弼俗本陽上有无字。也。注云。慊讀如羣公濂之濂。古書篆作立心。與水相近。讀者失之。故作慊。詩正義所引有訛字。今改正。濂。雜也。字書無訓濂為雜者。古訓之亡來久矣。陰謂此上六也。陽謂今消息用事乾也。上六。為蛇。上六在巳。得乾氣。雜似龍。詩正義

繫辭曰。觀鳥獸之文。陸績曰。謂朱鳥。白虎。蒼龍。玄武。四方二十八宿經緯之文。

比初六有孚盈缶。注云。爻辰在未。上值東井。井之水。人所汲用。缶。汲器。詩正義。春秋元命包曰。東井八星。主水衡。

泰六五。帝乙歸妹。以祉元吉。注云。五。爻辰在卯。春為陽中。萬物以生。生育者。嫁娶之。仲春之月。嫁娶男女之禮。福祿大吉。周禮

疏

蠱上九、不事王侯。高尚其事。注云、上九艮爻。艮為山。辰在戌。得乾氣。父老之象。是臣之致事。故不事王侯。是不得事君。君猶高尚其所為之事。禮記正義

賁六四、白馬翰如。注云、謂九三。位在辰。得巽氣。為白馬。六四巽爻也。翰。猶幹也。見六四適初未定。欲幹而有之。禮記正義

大過、注云、大過者。巽下兌上之卦。初六在巽體。巽為木。上六位在巳。巳當巽位。巽又為木。二木在外。以夾四陽。四陽互體為二乾。乾為君為父。二木夾君父。是棺槨之象。禮記正義

坎六四、尊酒簋貳。用缶。納約自牖。注云、六四上承九五。又互體

在震上爻辰在丑、丑上值斗、可以斟之象。斗上有建星。建星六星在南斗北。賈逵曰、古黃帝夏殷周魯歷。冬至日在建星。建星即今斗星也。康成注月令云、建星在斗上。建星之形似簋。貳副也。建星上有弁星。石氏星經謂之天弁。在建近河。弁星之形又如缶。天子大臣以王命出會諸侯。主國尊于簋副。設元酒而用缶也。詩究邱正義

坎上六、繫用徽纆。注云、繫。拘也。爻辰在巳。巳為蛇。蛇蟠屈似徽纆也。公羊疏

離九三、不擊缶而歌。注云、艮爻也。位近丑、丑上值弁星。弁星似缶。詩云、坎其擊缶。則樂器亦有缶。詩正義

案位近丑。據周天玉衡圖也。丑為大寒。艮為立春。故云近也。

明夷六二、明夷睇于左股。注云旁視為睇。六。二。辰。在。酉。酉在西方。又下體離。離為目。九三體在震。震東方。九。三。又。在辰辰得巽氣為股。亦據周天玉衡圖與近辰也此謂六二有明德欲承九三。故云睇于左股。禮記正義

困九二、困于酒食。朱紱方來。利用享祀。注云、二據初。辰在未。未為土。此二為大夫。有地之象。未。上。值。天。廚。酒食象。案未上值柳柳為朱鳥喙天之廚宰。主尚食和滋味困于酒食者。采。地。薄。不。足。已。用。也、二與日為體離為鎮霍爻四為諸侯。有明德受命當王者。離為大火色赤。四。爻。九辰。。。在午時離氣赤又朱也。文王將王。天子制朱紱。儀禮疏

四

案鄭此注本乾鑿度

中孚云、中孚。豚魚吉。注云、三。辰。爲亥。爲豕。爻失正。故變而從小名。言豚耳。四。辰在丑。丑爲鼈蟹。鄭注月令云、丑爲鼈蟹。正義云案陰陽式法。丑爲鼈蟹。鼈蟹。魚之微者。爻得正。故變而從大名。言魚耳。互體兌。兌爲澤。四。上。値天淵。丑上値斗。天淵十星。在天鼈東。一曰大海。主灌漑溝渠之事。天鼈在斗東。二五皆坎爻。坎爲水。水浸澤則豚利。五亦以水灌淵則魚利。豚魚。以喻小民也。而爲明君賢臣恩意所供養。故吉。詩正義

說卦震爲大塗。注云、國中三道曰塗。震。上。値。房。心。塗而大者。取房有三塗焉。朱漢上易

案震在卯。卯上値房心。

乾鑿度鄭氏注

孔子曰復表日角。注云、表者。人體之章識也。名復者。初。震文也。震之體在卯日於出陽又初應在六四於辰在丑為牛牛有角。復人表象。

王充論衡曰、寅木也。其禽虎也。戌土也。其禽犬也。丑未亦土也。丑禽牛未禽羊也。木勝土。故犬與牛羊為虎所服也。亥水也。其禽豕也。巳火也。其禽蛇也。子亦水也。其禽鼠也。午亦火也。其禽馬也。水勝火。故豕食蛇。火為水所害。故馬食鼠屎而腹脹。又云、酉。雞也。卯。兔也。申。猴也。東方木也。其星倉龍也。西方金。其星白虎也。南方火也。其星朱鳥也。北方水也。其星元武也。天有四星之精。降生四獸之體。以四獸驗之。以十二辰之禽效之。

九家易注說卦曰：犬近奎星。蓋戌宿直奎也。王伯厚曰：吉日庚午。既差我馬。午為馬之證也。季冬出土牛。丑為牛之證也。說文亦謂巳為蛇象形。

夬表升骨履文。注云、名夬者。五立於辰。據消息也。爻辰在申在。斗。魁。所。指。者。三月斗建辰。又五於人體當艮卦。艮為人。於夬亦手體成。艮為手。其四則震爻也。為足。其三猶艮爻。七曜之行起焉。七者屬文北斗在骨足履文。夬人之表象明也。

剝表重童。古瞳字明曆元。注云、名剝者五也。五離爻。離為日。童子六。五。於。辰。又。在。卯。卯酉屬也。剝離人表童焉。

易正義

乾九二見龍在田。正義曰、先儒以為九二當太蔟之月。陽氣見地。一作發見則九三為建辰之月。九四為建午之月。九五為建申之月。為陰氣始殺。不宜稱飛龍在天。上九為建戌之月。羣陰既盛。上九不得言與時偕極。於此時陽氣僅存。何極之有。先儒此說、於理稍乖、此乾之陽氣漸生。似聖人漸出。宜據十一月之至建巳之月已來此九二。當據建丑建寅之間。於時地之萌芽初有出者。即是陽氣發見之義。乾卦之象。其應然也。

所云先儒者。謂康成何妥諸人也。王輔嗣解易。不用爻辰。孔氏正義。黜鄭存王。故有是說。

文言曰、終日乾乾。與時偕行。正義曰、先儒以爲建辰之月。萬物生長。不有止息。與天時而俱行。若以消息言之。是建寅之月。三陽用事。三當生物之初。生物不息。同於天時。故言與時偕行。

附否泰所貞之辰異於他卦圖

乾鑿度曰泰否之卦獨各貞其辰其共北辰左行相隨也康成云言不用卦次泰當貞於戌否當貞於亥戌乾體所在乾上九亥又乾消息之月荀爽曰消息之位坤在於亥下有伏乾干寶曰戌亥乾之都也京房曰戌亥乾本位詩緯亦以乾天門在亥也為泰否乾坤體氣相亂故避而各貞其辰謂泰貞於正月否貞於七月六爻者泰得否之乾否得泰之坤之乾之坤謂泰變乾否變坤也又云北辰共者否貞申右行則三陰在西三陽在北泰貞寅左行則三陽在東三陰在南此坤卦西南得朋東北喪朋之一說是則陰陽相比共復乾坤之體也否九四在亥至泰九三而乾體備泰六四在巳至否六三而坤體全乾位在亥坤位在未今在巳者陰實始于巳不敢敵陽故立於正形之位案鄭于主歲卦注云北辰左行謂泰從正月至六月此月陽爻否從七月至

十二月。此月陰爻。否泰各自相隨。此說與圖不合。故鄭于卷末言否泰不比及月。先師不改。故亦不改也。朱子發卦圖合鄭前後注而一之。學者幾不能辨。余特為改正。一目了然矣。

易漢學卷六

東吳　惠棟　定宇

荀慈明易

乾升坤降

荀慈明論易。以陽在二者。當上升坤五為君。陰在五者。當降居乾二為臣。蓋乾升坤為坎。坤降乾為離。成既濟定。則六爻得位。繫辭所謂上下无常。剛柔相易。乾彖所謂各正性命。保合太和。利貞之道也。坎為性。离為命。二者。乾坤之遊魂也。乾坤變化。坎离不動。各能還其本體。是各正之義也。此說得之京房左傳史墨論魯昭公之失民。季氏之得民云。在易卦雷乘乾曰大壯。天之道。言九二之大夫。當升五為君也。慈明之說。合于古之占法。故仲翔注易。亦與之同。王弼泰六四注云、乾樂上復。坤樂下復。此亦升降之義。而弼不言升降。

文言曰、易曰見龍在田。利見大人。君德也。仲翔曰、陽。始。觸。陰。當升。五。為君時。舍於二。宜利天下。

又曰、水流溼。火就燥。慈明曰、陽動之坤而為坎。坤者純陰。故曰溼。陰動之乾而成離。乾者純陽。故曰燥。

又曰、本乎天者親上。本乎地者親下。慈明曰、謂乾九二本出於乾。故曰本乎天。而居坤五。故曰親上。坤六五本出於坤。故曰本乎地。降居乾二。故曰親下也。

又曰、雲行雨施。天下平也。慈明曰、乾升於坤曰雲行。坤降於乾曰雨施。乾坤二卦、成兩既濟。陰陽和均。而得其正。故曰天下平。慈明注時乘六龍以御天云、御者。行也。陽升陰降。天道行也。

又曰、與天地合其德。慈明曰、與天合德。謂居五也。與地合德。謂居二也。

與日月合其明。慈明曰、謂坤五之乾二成離。離為日。乾二之坤五為坎。坎為月。

坤彖曰。含弘光大。品物咸亨。慈明曰、乾二居坤五為含。坤五居乾二為弘。坤初居乾四為光。乾四居坤初為大。乾上居坤三亦為含。故六三含章可貞。坤三居乾上。亦成兩既濟也。天地交。萬物生。故咸亨。

師彖曰、能以衆正。可以王矣。慈明曰、謂二有中和之德。而據羣陰。上居五位。可以王也。
六四。師左次。无咎。慈明曰、左謂二也。陽稱左。次、舍也。二與四同功。四承五。五无陽。故呼二舍於五。四得承之。故无咎。
上六、大君有命。開國承家。承讀如墨子引書承以大夫師長之承。慈明曰、大君。謂二。師旅已息。既上居五。當封賞有功。立國命家也。宋衷曰、陽當之五。處坤之中。故曰開國。陰下之二。在二承五。故曰承家。
泰九二、朋亡。得尚于中行。慈明曰、朋謂坤。朋亡而下。則二得上居五而行中和矣。
臨九二象曰、咸臨吉无不利。未順命也。慈明曰、陽感至二。當升居五。羣陰相承。故无不利也。陽當居五。陰當順從。今尚在二。故曰未順命也。

升彖曰、巽而順。剛中而應。是以大亨。用見大人勿恤。有慶也。慈明曰、謂二以剛居中。而來應五。故能大亨。上居尊位也。大人天子。謂升居五。見為大人。羣陰有主。无所復憂。而有慶也。

九二象曰、九二之孚。有喜也。仲翔曰、升五得位。故有喜。

六五象曰、貞吉升階。大得志也。慈明曰、陰正居中。為陽作階。使居五。己下降二。與陽相應。故吉而得志。

繫辭上曰、天下之理得。而成位乎其中矣。慈明曰、陽位成於五。陰位成於二。五為上中。二為下中。故曰成位乎其中也。

易尚時中說

易。道。深。矣。一。言。以。蔽。之。曰。時。中。孔子作彖傳。言時者二十四卦。乾蒙大有豫隨觀賁頤大過坎恒遯睽蹇解損益姤革艮豐旅節小過言中者三十五卦。蒙需訟師比小畜履同人大有臨觀噬嗑无妄大過坎離睽蹇解益姤萃升困井鼎漸旅巽兌渙節中孚小過既濟未濟象傳言時者六卦。坤蹇初六井革大象節既濟言中者三十八卦。坤需二五訟師二五比小畜履泰同人大有謙豫二五隨蠱臨復大畜坎二五離恒大壯晉蹇解損夬二五姤萃困二五井鼎震艮歸妹巽二五節中孚既濟未濟其言時也。有所謂時者。待時者。時行者。時成者。時變者。時用者。時義者。時發時舍時極者。其言中也。有所謂中者。中正者。正中者。大中者。中道者。中行者。行中者。剛中柔中者。而蒙之彖。則又合時中而命之。蓋時者。舉一卦所取之義而言之也。中者。舉一爻所適之位而言之也。時無定而位有定。故象多言中。少言時。乾九二言時舍坤六三言時發一見文言一見象傳蓋乾坤消息之卦三二皆失位二當升坤五三以時發故皆言時然六位又謂之六虛唯爻適變則爻之中亦無定也位之中者惟二與五漢儒謂之中和揚子法言曰立政鼓衆莫尚于中和又云甄陶天下其在和乎龍之潛亢不獲其中矣是以過則惕不及中則躍其近于中乎注云二五得中故有利見之占太元曰中和莫尚于五故彖傳凡言中者皆指二五二尚柔中五尚剛中五柔二剛亦得无咎二與四同功而二多譽三與五同功而五多功以其中也爻辭于泰之六二夬之九五皆以中行言之而益之三四復之六四亦稱中行先儒謂一卦之中非也乾之三四文言謂之不中獨非一卦之中乎竊謂益之中行皆指九五

所謂告公用圭。告公從者。五告之也。古者君命臣。上命下。皆謂之告。三者。五。所信也。故曰有孚。四者。五。所比也。故曰利用為依遷國。三。為三公。四為諸侯。故或稱國。或稱公。復六曰中行獨復。象曰、中行獨復。以從道也。四得位應初。獨得所復。四非中而稱中。行者。以從道也。其時中之義歟。愚謂孔子晚而好易。讀之韋編三絕。而為之傳。蓋深有味于六十四卦。三百八十四爻時中之義。故于彖傳象傳言之。重詞之復。子思作中庸。述孔子之意。而曰君子而時中。孟子亦曰孔子聖之時。夫執中之訓。肇于中天。時中之義。明于孔子。乃堯舜以來相傳之心法也。據論語堯曰章其在豐彖曰。天地盈虛。與時消息。在剝曰。君子尚消息盈虛。天行也。文言曰。知進退存亡而不失其正者。其惟聖人乎。皆時中之義。也。知時中之義。其于易也。思過半矣。

九家逸象

陸氏釋文曰說卦荀爽九家集解本乾後更有四為龍項安世曰震之健也為直項曰巽之躁也為衣項曰乾為衣上服也坤為裳下服也為言項曰兑之決也震之龍巽之繩兑之口皆以乾爻故也巛後有八為牝為迷為方皆據坤彖及文言為囊為裳為黃皆據爻辭為帛杜預注左傳曰坤為布帛朱震曰帛當在布之下項曰乾為蠶精而出於震至巽離而有絲至坤而成帛也案八音離為絲為漿項曰酒主陽漿主陰故坤為漿坎震為酒皆乾之象陽也震後有三為王項曰為王者帝出乎震為鵠吳澄本作鴻為鼓項曰鵠古鶴字為鵠為鼓皆聲之遠聞者也與雷同鵠色正白與鼙的同攷工記曰凡冒鼓必以啟蟄之日鄭注云蟄蟲始聞雷聲而動鼓所取象大元曰三八為木為東方為春類為鼓注云如

雷聲也 巽後有二 為楊 朱震項安世皆作揚讀為稱揚之揚非也巽為木故為楊大過枯楊生稊仲翔曰巽為楊不從手也 為鸛 項曰鸛水鳥能知風雨者朱曰震為鶴鶴陽禽也巽為鸛鸛陰禽也 坎後有八 為宮 朱以為宮商之宮項曰宮與穴同象皆外圍土而內居人陷也隱伏也陽在中也 為律 釋言曰坎律銓也樊光曰坎卦水水性平律亦平銓亦平也坎為水故古刑灋議灋之字皆從水又為律師初六曰師出以律 為可 可當為河坎為大川故為河逸象出老屋河字磨滅之餘故為可也或云當為坷說文曰坷坎坷也古文省作可亦通朱子發解可字多曲說不可從石鼓文何作可與此河為可皆古文省 為棟 項本作棟云當作棟棟在屋中有陽之象焉大過肖坎故為棟 為叢棘 仲翔引作蘗棘朱云叢棘獄也 為狐 子夏傳曰坎為小狐干寶亦云 為蒺藜 困坎蒺藜 為桎梏 項曰皆物之險而能陷者也 離後有一 為牝牛 見本卦春秋傳曰純離為牛 艮後有三 為鼻 管寧曰鼻者艮天中之山裴松之案相書謂鼻之所名為天中鼻有山象故曰天中之山也 為虎 吳澄曰履彖六三九四頤六四革九五履革皆無艮艮不象虎也項曰艮主寅虎寅獸案艮之上九丙寅故項依以為說京房以坤為虎刑陸

績以兑之陽爻稱虎先儒解易皆取二象不聞艮為為狐吳澄本作
虎也虎當為膚字之誤也仲翔注易云艮為膚是也
豹非也左傳秦伐晉卜徒父筮之其卦遇蠱曰獲其雄狐蠱兑
艮為狐項曰坎為狐取其心之險也艮為狐取其喙之黔也朱
後有二為常九家注曰常西方之神也朱以為當屬坤項以為當作商皆臆說為輔頰卦見咸
子發曰秦漢之際易亡說卦孝宣帝時河内女子發老屋得說
卦古文老子至後漢荀爽集解又得八卦逸象三十有一九家易魏晉以後人所撰其說以荀爽為宗朱氏遂謂爽所集失之今考之六十四卦其說若印圈鑰
非後儒所增也

荀氏學

荀悅漢紀曰孝桓帝時故南郡太守馬融著易解頗生異說及
臣悅叔父故司空爽著易傳據爻象承應陰陽變化之義以十

篇之文解説經意由是兗豫之言易者咸傳荀氏學

易漢學卷七

東吳　惠棟　定宇

辨河圖洛書

宋姚小彭氏曰。今所傳戴九履一之圖。乃易乾鑿度九宮之法。其說鄭注詳。自有易以來。諸易師未有以此為河圖者。後漢劉瑜上書曰河圖授嗣正在九房。九房。疑即太一所行之九宮。蓋讖緯家以為河圖。桓譚張衡所痛斥為非者也。至本朝劉牧。以此為河圖。而又以生數就成數。依五方圖之以為洛書。又世所傳關子明洞極經。亦言河圖洛書。如劉氏說。而兩易之。以五方者為圖。九宮者為書。案唐李鼎祚易解。盡備前世諸儒之說。獨無所謂關氏者。至本朝阮逸。始偽作洞極經。見后山陳氏談叢之書。則。關。氏。亦。不。足。為。證。矣。朱子語類亦云、關子明易、阮逸作。陳无已集中說得分明。雷思齊又謂楊次公撰洞極經、託名於關子明、要皆後人假託也。棟案九宮之法、一、二、三、四、五、六、七、八、九。一北、九南、三東、七西、四東南、六西北、二西南、八東北、五居中。方位與說卦同。乾鑿度所謂四正四維。皆合于十五是也。以五乘十。即大衍之數。故劉牧謂之河圖。阮逸撰洞極經。以此為洛書。而取楊子雲一六相守。二七為朋之說。以為河圖。鄭康成注大衍之數云。天一生水于北。地二生火于南。天三生木于東。地四生金于西。天五生土于中。陽無偶。陰無妃。未得相成。地六成水于北。與天一并。天七成火于南。與地二并。地八成木于東。與天三并。天九成金于西。與地四并。地十成土于中。與天五并。

虞仲翔注亦云一六合水二七合火三八合木四九合金五十合土其說皆與河圖合然康成仲翔未嘗指此為河圖則造此圖以為伏羲時所出者妄也仲翔謂八卦乃四象所生非庖犧所造也桓譚新論曰河圖洛書但有兆眹而不可知緑圖曰亡秦者胡也其說始于秦漢時河洛八十一篇皆託之孔子故君乃知漢以来並未有圖書之象夫子曰河不出圖山辨之餘姚黄宗羲以河圖為九邱之類圖出于河為聖人有天下之徵棟案水經注載春秋命歷序曰河圖帝王之階圖載江河山川州界之分野梨洲據此以為九邱之類也詳象數攷東序河圖後人安得見之雖先儒皆信其說吾不敢附和也

辨先天後天

半農人易說曰道家創為先天後天圖朱子語類曰先天圖次第是方士輩所相傳授

底棟棐伏羲四圖皆出于邵氏邵氏之學以先天為伏羲卦。後本之廬山老浮圖見謝上蔡傳易堂記序天為文王卦。妄也。即以乾坤二卦言之。乾為寒為氷。南。非寒氷之。地。咼為而移在南。坤為土。王四季。在中央。西。南。者。中。央。土。也。咼為而移之北乎。且天地定位。定位者。天尊地卑。而乾坤定卑高以陳。而貴賤位也。如道家言先天乾在南。後天在西北。先天坤在北。後天在西南。是。天。地。無。定。位。矣。又北極在上。南極在下。乾南坤北。是。天。在。下。地。在。上。也。謂之定位可乎。以此知道家之說妄也。莊子曰、至陰肅肅。至陽赫赫。肅肅出乎天。赫赫發乎地。兩者交通。成和而物生焉。乾位西北。故至陰出乎、天。坤位西南。故至陽發乎地。周禮亦云天産作陰德。地産作陽德者。以此。道家之老莊。猶儒家之孔孟。乾南坤北。其說不合乎老莊。必出于後世道家之說。故未聞乎古。至宋而後盛行焉。以後世道家之說。託為伏羲。而加之文王周公孔子之上。學者不鳴鼓而攻。必非聖人之徒也。

棟案宋人所造納甲圖。與先天圖相似。蔡季通遂謂先天圖與參同契合。殊不知納甲之法。乾坤列東。艮兌列南。震巽列西。坎離在中。（詳虞仲翔易註）別無所謂乾南坤北離東坎西者。道家所載乾坤方位。亦與先天同。而以合之參同契。是不知易并不知有參同契者也。蓋後世道家。亦非漢時之舊。漢學之亡。不獨經術矣。

又曰聖人作八卦。所以奉天時。道家創為先天之學。而作先天八卦位。託之伏羲。誕之甚。妄之甚。所為先天者。兩儀未判。四象未形。八卦何從生。天地定位。乾坤始作。六子乃索。八卦相錯。陰陽交感。山澤氣通。水火雷風各建其功。明明後天。安得指是為先。天哉。然則卦無先天乎。曰有。一卦各有一太極。聖人以此先古文作先俗作洗心。退藏於密。所謂先天而天弗違也。學者不知來。觀諸往。不知先。觀諸後。知後天。則知先天矣。捨後天。而別造先天。之。位。以周孔。為不足學。而更問庖犧。甚矣。異端之為害也。不可以不闢。閻若璩潛邱劄記引吳喬他石錄外編儒辨第二十五。論先天八卦之非。又云本義之混濫者多矣。以天地定位章為第一干寶注周禮曰。伏羲之易小成。為先天。神農之易中成。為中天。黃帝之易大成。為後天。小成。謂八卦也。中成。謂重卦。大成。謂備物制用也。

辨兩儀四象

半農人易說曰。易有太極。是生兩儀。兩儀生四象。四象生八卦。兩儀。天地也。四象。四時也。四時有四正。有四維。震春離夏兌秋坎冬為四正。巽東南坤西南乾西北艮東北為四維。此四正四維。以時言之為四時。以象言之為四象。而八卦出于其中。不曰卦而曰象者。八卦以象告也。陰陽太少。可謂之儀。不可謂之象。宋儒遂以四象當之。誤矣。太少在陰陽之中。有陰陽。即有太少。

非先有陰陽。後有太少也。若云始為一畫以分陰陽。次為二畫以分太少。是陰陽生太少。有是理乎。謂陰陽分太少可。謂陰陽生太少不可。易言生。不言分。父生子。子生孫。可謂之生。不可謂之分。邵子割裂太極。穿鑿陰陽。一分為二。二分為四。四分為八。所謂加一倍法。朱子篤信之。吾无取焉。

邵子曰太極生陰陽兩儀。一為陽。⚋為陰。吾不知所謂陽儀者。太陽耶。少陽耶。所謂陰儀者。太陰耶。少陰耶。抑陰陽初生。未分太少耶。如其然。則是先有陰陽。後有太少也。由是陽儀加一畫為陽儀。加一畫為陽生太陽。陽儀加⚋畫為陽生少陰。陰儀加一畫為陰生少陽。陰儀加⚋畫為陰生太陰。是陰陽生太少矣。

然則所謂陰儀陽儀者。非太非少。是何物耶。曰加曰分。乃邵易。非周易也。由是太陽二畫又加一畫為乾。是太陽生乾。又加一一畫為兌。是太陽生兌。少陰二二畫又加一畫為離。是少陰生離。又加一一畫為震。是少陰生震。餘四卦皆然。是太少生八卦矣。陰陽生太少。太少生八卦。誰能知其說哉。王伯厚曰、上蔡謝子為晁以道傳易堂記序言安樂邵先生皇極經世之學。師承頗異。安樂之父。昔於廬山解后文恭胡公。從隱者老浮圖遊。隱者曰。胡子世福甚厚。當秉國政。邵子仕雖不耕。學業必傳。因同授易書。上蔡之文。今不傳。僅載於張祺書文恭集後。康節之父。伊川丈人。名古。字天叟。

棟案朱子語類言程子說易。只云三畫上疊成六畫。此賈公彥之說亦非漢法八卦上疊成六十四卦。與邵子說異。蓋康節不曾說與程子。程子亦不曾問之。故一向隨他所見去。又云、伊川易傳有未盡處。當時康節傳得數甚佳。邵輕之不問。又云、邵子所謂易，程子多理會他底不得。愚謂邵子一分為二，二分為四，四分為八之說，漢唐言易者不聞有此。程子非不能理會邵易，但以之解周易，恐其說之未必然也。且上蔡，程子之高弟也；邵子，又程子之妻兄弟也。老浮圖之授受，上蔡猶知之，曾程子也而肯為異說所惑哉。

辨太極圖

秀水朱錫鬯曰、自漢以來，諸儒言易，莫有及太極圖者。惟道家者流有上方大洞真元妙經，著太極三五之說。唐開元中，明皇為製序。而東蜀衛琪注玉清無極洞仙經，衍有無極太極諸圖。

陳摶居華山。曾以無極圖刊諸石。為圜者四位五行。其中自下而上。初一曰元牝之門。次二曰煉精化氣。煉氣化神。次三五行定位。曰五氣朝元。次四陰陽配合。曰取坎填離。最上曰煉神還虛。復歸無極。故謂之無極圖。乃方士脩煉之術爾。相傳受之呂嵒。嵒受之鍾離權。權得其說于伯陽。伯陽聞其旨于河上公。在道家未嘗詡為千聖不傳之祕也。周元公取而轉易之。亦為圜者四位五行。其中自上而下。最上曰無極而太極。次二曰陰陽配合。曰陽動陰靜。次三五行定位。曰五行各一其性。次四曰乾道成男。坤道成女。最下曰化生萬物。更名之太極圖。仍不沒無極之旨。由是諸儒推演其說。南軒張氏謂元公自得之妙。蓋以

手授二程先生者自孟氏以來未之有也曝書亭集
錫鬯又言程子未曾受業于元公元公亦無手授太極圖之
事其說備載集中愚謂道教莫盛於宋故希夷之圖康節之
易元公之太極皆出自道家世之言易者率以是三者為先
河而不自知其陷于虛無而流于他道也惜哉王伯厚言程
子教人大學中庸而無極太極一語未嘗及夫程子言易初
不知有先天言道初不知有無極此所以不為異端所惑卓
然在邵周之上也伯厚謂程子不言無極太極是性道不可得聞之義此說却涉禪學矣顧寧人曰夫
子之教人文行忠信而性與天道在其中故曰不可得而聞
忠恕之與一貫豈有二耶黃氏日鈔曰夫子述六經後來者溺於訓詁未害也濂洛言道學後來者借以談禪則其害深矣